Wolfram Malte Fues

Mythos «Auschwitzkeule»
Martin Walser und die langen Schatten der Vergangenheit

Schwabe Verlag

Bibliografische Information der Deutschen Nationalbibliothek
Die Deutsche Nationalbibliothek verzeichnet diese Publikation in der Deutschen
Nationalbibliografie; detaillierte bibliografische Daten sind im Internet über
http://dnb.dnb.de abrufbar.
© 2025 Schwabe Verlag, Schwabe Verlagsgruppe AG, Basel, Schweiz
Dieses Werk ist urheberrechtlich geschützt. Das Werk einschließlich seiner Teile
darf ohne schriftliche Genehmigung des Verlages in keiner Form reproduziert oder
elektronisch verarbeitet, vervielfältigt, zugänglich gemacht oder verbreitet werden.
Abbildung Umschlag: Giovanni Battista Piranesi, Ausgewählte Werke
von J.-B. Piranesi (A): Alterthümer, A.D. Lehmann, Wien 1888
Korrektorat: Ute Wielandt, Markersdorf
Cover: icona basel gmbh, Basel
Satz: Claudia Wild, Konstanz
Druck: CPI Books GmbH, Leck
Printed in Germany
ISBN Printausgabe 978-3-7965-5231-1
ISBN eBook (PDF) 978-3-7965-5232-8
DOI 10.24894/978-3-7965-5232-8
Das eBook ist seitenidentisch mit der gedruckten Ausgabe und erlaubt Volltextsuche.
Zudem sind Inhaltsverzeichnis und Überschriften verlinkt.

rights@schwabe.ch
www.schwabe.ch

Inhalt

Mythos «Auschwitzkeule» 9

Die Klinge des Saturn. Geschichte und Gegenwart
    von Martin Walsers Roman *Tod eines Kritikers* 51

Literaturverzeichnis 93

Der entsetzliche Missbrauch dieses Wortes […] entleert das Wort Antisemitismus jeder Bedeutung und gefährdet damit Juden auf der ganzen Welt

Yuval Abraham

Mythos «Auschwitzkeule»

Sie wird gegen ihren angeblichen Autor geschwungen: die ‹Auschwitzkeule›. Von progressiver wie von konservativer Seite. Wieso auch nicht? Wer ein so empörendes Wort erfindet, hat sich die bösen Folgen selbst zuzuschreiben. Nicht wahr?

Martin Walsers Paulskirche-Rede von 1998 ist inzwischen, sollte man meinen, Gegenstand zeitgeschichtlicher Forschung geworden. Das ist sie nicht. Sie ist vielmehr Gegenstand zeitgenössischer Verkennung und Verzerrung geworden und geblieben. Der Grund liegt in einem nach wie vor bestehenden Bündnis zwischen Politik und Medien, das bis in die fünfziger Jahre des letzten Jahrhunderts zurückreicht und den Namen ‹Vergangenheitsbewältigung› trägt. Bis heute steht es nicht kritisch in Frage, von einigen wenigen fachhistorischen Studien abgesehen. Die Paulskirche-Rede bietet sich aufgrund ihrer Wirkungsgeschichte exemplarisch für eine solche Befragung an. Mit größtmöglicher philologischer Genauigkeit.

Als es im Mai 1945 still wurde am Boden und am Himmel, hoben die Deutschen den Kopf und sahen um sich. Sie sahen drei Millionen Gefallene, Vermisste und Kriegsversehrte. Sie sahen eine halbe Million tote Zivilisten, Opfer des Bombenkriegs, Frauen und Kinder, Alte und Kranke. Sie sahen mehr als zwei Millionen vergewaltigte Frauen[1]. Sie sahen bis zur Unbewohnbarkeit zerstörte Städte und acht Millionen Vertriebene, die in eben diese Städte strömten. Wer also war das tatsächliche Opfer dieses Krieges? Sie. Sie bedauerten sich auch dementsprechend,

---

1 Vgl. dazu Hans Peter Duerr, Obszönität und Gewalt. Der Mythos vom Zivilisationsprozess, Bd. 3, Frankfurt/M. 1995, S. 421.

und sie waren durchaus bereit, über das erlittene Leid und ihre Verluste zu trauern. Aber das sollten sie nicht. Sie sollten, verlangten die Sieger, über die Opfer des von ihnen begonnenen Angriffskrieges trauern (Angriffskrieg? «Ich hab keinen Krieg angefangen», sagte meine Mutter), über die Judenverfolgung (Juden? «Was für Juden? Ich hab keine Juden gekannt», sagte meine Mutter), die Opfer der Sondereinsatzgruppen, der Konzentrations- und Vernichtungslager. Das wollten sie nicht. Sie wollten über ihr eigenes Geschick trauern. Aber das durften sie nicht. Sie litten insgesamt keineswegs an der Unfähigkeit zu trauern, sondern an der Unwilligkeit zu trauern. Also schwiegen sie.[2] Also ließen sie die zurückgekehrten Emigrant*innen, die frisch entnazifizierten und demokratisierten Politiker, eine zu diesem Zweck sich installierende Publizistik sagen, was gesagt werden musste. Um dem Willen der Sieger Genüge zu tun. Denn, wie sie insgeheim fanden, lag ihre ganze Schuld bloß darin, den Krieg verloren zu haben.

Ich erhärte diese Behauptungen, denen man gewiss von interessierter Seite sogleich unzulässige Verallgemeinerung vorhalten wird, durch zwei persönliche Erlebnisse: ein Bildungserlebnis und ein Kindheitserlebnis. Beginnen wir mit dem Bildungserlebnis.

I

Dass Walter von Molo in einem offenen Brief vom 13. August 1945 Thomas Mann zur Rückkehr nach Deutschland aufgefordert hat, ist bekannt. Denn:

2 «Die ganze Restaurationsperiode in Deutschland lässt sich ja bezeichnen als eine Periode der Reprivatisierung in einem mehrfachen Sinn [..], wie darüber hinaus auch in eine Reprivatisierung des Bewusstseins der einzelnen Menschen.» (Theodor W. Adorno, Philosophische Elemente einer Theorie der Gesellschaft, Frankfurt/M. 2023, S. 66).

> «Ihr Volk […] hat im innersten Kern nichts gemein mit den Missetaten und Verbrechen, den schmachvollen Greueln und Lügen, den furchtbaren Verirrungen Kranker, die daher wohl so viel von ihrer Gesundheit und Vollkommenheit posaunten.»

Also: «Kommen Sie bald wie ein guter Arzt, der nicht nur die Wirkung sieht, sondern die Ursache der Krankheit sucht und diese vornehmlich zu beheben bemüht ist.»[3]

Dass noch vor einer Antwort Thomas Manns Frank Thiess am 18. August 1945 mit seinem offenen Brief über innere und äußere Emigration eine moralisch-politische Wert-Hierarchie aufzurichten sucht, ist bekannt. So: «Ich glaube, es war schwerer, sich hier seine Persönlichkeit zu bewahren, als von drüben Botschaften an das deutsche Volk zu senden.»[4]

Dass Thomas Mann in seiner Antwort vom 12. Oktober 1945 Walter von Molos Aufforderung ablehnt, ist ebenso bekannt wie sein Widerspruch gegen «die Theorie von den beiden Deutschland, einem guten und einem bösen […] Das böse Deutschland […], das ist das fehlgegangene gute, das gute im Unglück, in Schuld und Untergang».[5] Und er fügt hinzu:

> «Es mag Aberglaube sein, aber in meinen Augen sind Bücher, die von 1933 bis 1945 in Deutschland überhaupt gedruckt werden konnten, weniger als wertlos und nicht gut in die Hand zu nehmen. Ein Geruch von Blut und Schande haftet ihnen an. Sie sollten alle eingestampft werden.»[6]

Sehr viel weniger bekannt sind die von diesen Sätzen hervorgerufenen Erwiderungen. Den Anfang macht Edwin Redslob am 23. Oktober 1945.

---

3 J. F. G. Grosser, Die grosse Kontroverse. Ein Briefwechsel in Deutschland, Hamburg 1963, S. 20.
4 Ebd. S. 25.
5 Ebd. S. 34.
6 Ebd. S. 31.

> «In Nachahmung eines Nazibrauches, der einst [...] bestes deutsches Schrifttum zum Scheiterhaufen trug, wünscht der Verfasser der *Betrachtung [sic] eines Unpolitischen* alles seit 1933 in Deutschland Gedruckte den Flammen zu überantworten.»[7]

Abgesehen davon, dass Einstampfen und Verbrennen nicht das Gleiche ist, parallelisiert Redslob Thomas Manns deutlich subjektiv formulierten Eindruck und Wunsch mit dem politischen Fanal der öffentlichen Bücherverbrennung vom 10. Mai 1933 und somit Thomas Mann mit Joseph Goebbels. Das ist noch kein halbes Jahr nach Kriegsende offenbar schon möglich. Otto Flake argumentiert am 8. Dezember 1945 weniger grobschlächtig.

> «Mann müsste wissen, dass es für nichtpolitische Literatur [!] im Dritten Reich keine Vorzensur gab. Der Umstand, dass ein Roman, ein Essay, eine geistesgeschichtliche, philosophische, religiöse, historische Arbeit erschien, bedeutete keineswegs, dass sie dem Geist, den Vorschriften, den Absichten der Partei entsprach.»[8]

In seinem offenen Brief vom 24. Dezember 1945 greift Wilhelm Hausenstein diesen Faden auf und verwebt ihn zu einem Teppich literarischen Lebens zwischen 1933 und 1945. Er bekräftigt die von Flake genannten Kategorien, indem er Autor*innen-Namen und Titel hinzufügt, bleibt bei ihnen aber nicht stehen. Er erweitert den Katalog um Ernst Jüngers 1939 erschienene *Marmorklippen* [!], die christlich konservative Belletristik und eine Reihe von Übersetzungen, insbesondere aus dem Französischen. Wo und wie sollen Bücher dieser Art den «Geruch von Blut und Schande» angenommen haben? Aber wieso konnten sie im nationalsozialistischen Deutschland überhaupt erscheinen? Hausenstein hat eine originelle Erklärung: «Das Präsidium der Reichsschrifttumskammer hatte schlechthin Angst vor dem Vacuum – vor

---

7   Ebd. S. 38.
8   Ebd. S. 54.

der Sichtbarkeit des Vacuums, das von der offiziellen Lenkung selbst erzeugt wurde.»[9]

Mussten sich Hans Friedrich Blunck und Hanns Johst, die Präsidenten der Kammer, davor tatsächlich fürchten? Gab es keine oder nur so wenige dezidert nationalsozialistische Schriftsteller*innen, dass ihnen gar nichts anderes übrig blieb, als die von Flake und Hausenstein angeführte Literatur zu dulden? Weder Redslob noch Flake noch Hausenstein haben auch nur ein einziges Wort für diejenige Literatur übrig, die Thomas Mann aller Wahrscheinlichkeit nach meint, wenn er von Büchern spricht, denen der «Geruch von Blut und Schande» anhaftet: die Belletristik eines Hans Friedrich Blunck, Hanns Johst, Erwin Guido Kolbenheyer, Will Vesper und sehr vieler anderer mehr.[10] Weltkrieg und Drittes Reich sind noch kein Jahr zu Ende, da will das gute Deutschland vom bösen schon rein gar nichts mehr wissen. Es klammert sich ausschließlich an seinen «innersten Kern», der mit allem, was zwischen dem 30. Januar 1933 und dem 8. Mai 1945 geschehen ist, nichts zu tun gehabt haben will.

So viel zum Bildungserlebnis. Nun zum Kindheitserlebnis. In der britischen Besatzungszone, in der ich aufgewachsen bin, mühten sich die Briten, die Deutschen von ihrer Schuld zu überzeugen. Sie ihnen zu beweisen. Also verordneten sie, möglichst alle müssten einen der Dokumentarfilme sehen, die über die Zustände in den Konzentrationslagern erstellt worden waren. Also nahm mich meine Mutter eines Nachmittags an die Hand und wanderte mit mir eine halbe Stunde weit zu einem ehemaligen Ausflugslokal, das man zu einem Kino umfunktioniert hatte.

---

9   Ebd. S. 71.
10 Vgl. dazu zunächst Joseph Wulf, Literatur im Dritten Reich. Eine Dokumentation, Frankfurt/M./Berlin 1989, insbesondere S. 326 ff. Siehe außerdem Sebastian Graeb-Könneker, Literatur im Dritten Reich. Dokumente und Texte, Stuttgart 2001, sowie Hans Sarkowicz/Alf Mentzer, Schriftsteller im Nationalsozialismus. Ein Lexikon, Berlin 2011 (676 S.).

Ausweiskontrolle. Dann setzte mich meine Mutter auf den Stuhl neben sich, und der Film begann. Ein Bild sehe ich noch heute vor mir, als hätte ich es gestern gesehen: den Bulldozer, der einen Leichenberg aus offensichtlich verhungerten Menschen vor sich her zu einem Massengrab schiebt.[11] Die Menschen im Saal verzogen keine Miene. Kein Räuspern, kein Stühlerücken, kein Laut der Überraschung oder des Erschreckens. Als der Film zu Ende war, verließen alle schweigend den Raum. Ohne ein Wort oder einen Gruß. Niemand sagte etwas zu irgendjemandem. Meine Mutter nahm mich wieder bei der Hand, und wir gingen nach Hause. Ohne ein Wort. Meine Mutter hat auch später nie mit mir über diesen Film gesprochen. Mit niemandem. Es ging allerdings das Gerücht, der Film sei eine Fälschung, die den Zweck habe, die Kriegsverbrechen der Besatzungsmächte zu rechtfertigen. Ich war damals vier Jahre alt.

Die Thomas Mann entgegnenden Geistesgrößen und die Zuschauer im Ausflugslokal kommen in einer Sichtweise überein, die Wahrnehmung dort unterbricht, wo sie zu urteilen beginnen muss, indem sie für wahr nimmt und dementsprechende Folgerungen zieht. Die einen wie die anderen lassen sie gar nicht so weit kommen. Sie legen sie vorher still. Sie sehen, aber sie nehmen das Gesehene nicht wahr, sie verweigern ihm jeden Bezug zu ihrem privaten und politischen Bewusstsein. Sie sehen, als sähen sie nicht.

Die Deutschen, die Nationalsozialismus und Krieg erlebt und überlebt hatten, schweigen also, obwohl sie wussten, dass sie nicht schweigen durften. Folglich übertrugen sie die Schuld, die sie tragen sollten und nicht tragen wollten, auf die sich neu

---

11 Der bekannteste dieser Filme ist wohl Death Mills, den die amerikanische Militäradministration 1945 für ihre Besatzungszone drehen ließ. Er wurde auch in Teilen der britischen gezeigt, aber deren Administration verfügte zudem über eigene. Einen davon muss ich damals gesehen haben.

formierenden intellektuellen Eliten in Politik und Journalismus, den christlichen Kirchen sowie den politischen Wissenschaften. Sie erhielten die Aufgabe, Diskurse zu entwickeln, die jene Schuld einbekannten, ohne deren tatsächliches Subjekt mit ihr zu behelligen.[12] Dieser Prozess beginnt, wie wir gesehen haben, bereits vor der Gründung der Bundesrepublik Deutschland, die ihn in den fünfziger Jahren des vergangenen Jahrhunderts etabliert und konsolidiert.[13]

Was ist bis heute aus ihm geworden? Wie und wohin hat er sich entwickelt? In eine völlig andere Gestalt, die ihn aufgebraucht und aufgezehrt hat, oder in eine nur scheinbar andere, die ihn versteckt und deckt? Oder in eine hybride Verbindung aus beidem? Machen wir einen Zeitsprung in die Gegenwart.

II

Eine vor wenigen Jahren als Buch erschienene Kasseler Dissertation[14] arbeitet sich mit Sorgfalt und Geduld noch einmal durch die mannigfachen Facetten der Debatte, ob die (West)Deutschen nach 1945 nicht um die von ihnen verursachten Zerstörungen und Opfer trauern *konnten* oder ob sie nicht um sie trauern *wollten*. In einem ersten Hauptstück referiert und kommentiert die

12 Vgl. dazu Martin Walser, Unser Auschwitz (1965) sowie dens., Auschwitz und kein Ende (1979), jetzt in: Ders., Unser Auschwitz. Auseinandersetzung mit der deutschen Schuld, Reinbek 2015, S. 104–119 bzw. S. 131–137.
13 Vgl. dazu das eingehende und sorgfältig dokumentierte Buch von Norbert Frei, Vergangenheitspolitik. Die Anfänge der Bundesrepublik und die NS-Vergangenheit, 2. Aufl. München 1997, sowie dens., Karrieren im Zwielicht. Hitlers Eliten nach 1945, Frankfurt/M./New York 2001.
14 Bettina Mihr, Kulturelles Gedächtnis zwischen Normalitätssehnsucht und Trauerdefizit. Eine psychoanalytisch-sozialpsychologische Studie zur deutschen Erinnerungskultur, Gießen 2017 (Diss. Univ. Kassel 2015).

Verfasserin grundsätzlich zustimmend Analyse und Diagnose der bekannten Untersuchung von Alexander und Margarete Mitscherlich[15], die in der Nachfolge Freuds[16], einen individualpsychologischen Befund verallgemeinernd, zeigt, dass die (West) Deutschen aufgrund ihrer psychischen Verfassung zur psychoanalytisch ‹richtigen› Trauer unfähig sein *mussten*.[17] Aus dem damit gesicherten Wissen um die ‹richtige› Trauer lassen sich dann ohne Schwierigkeiten die Regeln ableiten, die allein zu ihr und damit zum korrekten Verhalten führen. Die Vorteile dieses Vorgehens liegen auf der Hand. Die Differenz zwischen dem Privaten und dem Politischen, dem Individuellen und dem Gesellschaftlichen ignorierend, vermag es das objektiv Politische mit dem subjektiv Moralischen zu identifizieren und jede an solcher Politik geübte Kritik als Verstoß gegen diese Moral zu denunzieren. In einem zweiten Hauptstück referiert Mihr die politisch-historischen Einwände, die Christian Schneider gegen das Werk der Mitscherlichs und seine Folgen erhebt[18], und kommentiert sie durchgängig mit Nicht-Einverständnis. Leider in der schon von Freud an seinen abtrünnigen Schülern geübten Unart der

---

15 Die Unfähigkeit zu trauern. Grundlagen kollektiven Verhaltens (1967), 23. Aufl. München 1994.
16 Zu Recht, findet Mihr. Sie habe in ihrem Buch nachgewiesen, «dass eine Metaphorisierung der Trauer sowie eine nachholende Trauer als von Freuds Trauerdefinition durchaus abgedeckt verstanden werden kann» (ebd. S. 379).
17 Mihr merkt immerhin an: «Die bewusste, schuldabwehrende Erinnerungsverdrängung, das gezielte Schweigen über das Geschehene und der Umstand eines Nicht-erinnern-Wollens dürften bedeutsamer sein, als von vielen angenommen.» (Kulturelles Gedächtnis, ebd. S. 381).
18 Die Unfähigkeit zu trauern. Zur Re-Lektüre einer einflussreichen Kollektivdiagnose des deutschen Wesens, «psychosozial» 31/2008, S. 41–48. Ders., Die Unfähigkeit zu trauern. Diagnose oder Parole? «Mittelweg» 36/2008, S. 69–79. Dies., Besichtigung eines ideologisierten Affekts. Trauer als zentrale Metapher deutscher Erinnerungspolitik, in: U. Jureit/Chr. Schneider, Hg., Gefühlte Opfer. Illusionen der Vergangenheitsbewältigung, Stuttgart 2010, S. 105–212.

Psychoanalyse, Theorie-Differenzen auf persönliche Defizite der Kontrahent*innen zurückzuführen. So

> «soll hier gefragt sein, ob seine [Schneiders, Vf.] Argumentationen nicht doch von einer, in eine gleichsam blickdichte Folie aus gut durchdachter Theorie geschweißten Lust an einer ihm eigentlich ‹verbotenen› Täter-Opfer-Umkehr getragen sind?»[19]

Wie blickdicht die Folie auch sein mag – für den psychoanalytischen Blick ist sie's nur «gleichsam», als ohnmächtiges Gleichnis einer für ihn nichtigen Realität, die er durchdringen und sich dem zuwenden kann, was sie ohnmächtig zu verbergen sucht. Er obduziert den Theoretiker; um die Theorie braucht er sich nicht weiter zu kümmern. Erinnert man ihn daran, dass so jede rationale Auseinandersetzung unmöglich wird, diagnostiziert er beim Erinnernden Verdrängung und beginnt, die sie hervorrufenden Widerstände lustvoll zu analysieren. In einem zweiten Teil dieses zweiten Hauptstücks bemüht sich Mihr schließlich darum, eine Parallele zwischen Schneiders Theorie und Martin Walsers Paulskirche-Rede zu konstruieren: «‹Brüder im Geiste› – Christian Schneider und Martin Walser.»[20]

Während Mihr die *Unfähigkeit zu trauern* ausführlich zitiert, werden die Zitate in ihrem Disput mit Schneider bereits deutlich spärlicher. Bei der Behandlung von Walsers Paulskirche-Rede wird sie vollends schmallippig. Auf 17 Seiten (ebd. S. 212–229) lassen sich nur zwei etwas längere, ganze Sätze wiedergebende Zitate finden. Ansonsten begnügt sie sich damit, ihrer Argumentation dienende Reizbegriffe aus dem Zusammenhang zu pflücken und sich einer Sekundär-Literatur zu bedienen, die weitläufige Vermutungen und Verdächtigungen in Bezug auf Walsers Persönlichkeit an die Stelle des Textes rückt. Wollte man

---

19 Mihr, Kulturelles Gedächtnis, S. 185.
20 Ebd. S. 203.

ihre eigene psychoanalytische Methodik auf sie selbst anwenden, würde der dringende Wunsch offenbar, diesen Text so zum Verschwinden zu bringen, als hätte es ihn nie gegeben. Was also tut hier not? Philologie.[21]

Mihrs Konstruktion der Bruderschaft zwischen Schneider und Walser beginnt mit einer Zitat-Fälschung: «Walser spricht von der ‹Moralkeule Auschwitz›.»[22] Das tut Walser keineswegs. Walsers Formulierung lautet vielmehr: «Auschwitz eignet sich nicht dafür, Drohkulisse zu werden, jederzeit einsetzbares Einschüchterungsmittel oder Moralkeule oder auch nur Pflichtübung.»[23] Es geht Walser also nicht darum, die historische Bedeutung von Auschwitz in irgendeiner Form in Frage zu stellen,[24] sondern darum, dem Diskurs nachzufragen, der Auschwitz im

---

[21] Festzuhalten bleibt dabei, «dass Philologie [...] die Kultivierung von Werten anleitet, die für unser intellektuelles, soziales und ethisches Leben unverzichtbar sind: die Verpflichtung zur Wahrhaftigkeit, zur menschlichen Solidarität und zur kritischen Selbstreflexion» (Sheldon Pollock, Philologie und Freiheit, Berlin 2016, S. 19).

[22] Kulturelles Gedächtnis, ebd. S. 203. – Ebenso wenig verwendet Walser das Wort ‹Auschwitzkeule›, das (nicht nur) bei Mihr mehrfach auftaucht, ebenfalls in Zitat-Zeichen gesetzt. In den ideologiebe- und -verarbeitenden Apparaten der deutschen Gesellschaft scheint eine stille Übereinkunft zu herrschen: Der Wortlaut von Walsers Paulskirche-Rede muss nicht beachtet werden. Das hier Folgende wird mit dieser Übereinkunft brechen.

[23] Ich zitiere nach: Börsenverein des deutschen Buchhandels, Hg., Friedenspreis des deutschen Buchhandels 1998. Martin Walsers Ansprache aus Anlass der Verleihung, Frankfurt/M. 1998. «Der Text folgt dem gesprochenen Wort.»

[24] «Kein ernstzunehmender Mensch leugnet Auschwitz, kein noch zurechnungsfähiger Mensch deutet an der Grauenhaftigkeit von Auschwitz herum.» (Walser 1998) Die von Mihr billigend kommentierten Konstruktionen einer «persekutorischen Schuld» und eines «sekundären Antisemitismus» (ebd. S. 206 f.) leiten sich hingegen aus einem psychoanalytisch vermuteten Abgründigen in der Persönlichkeit des Autors her und brauchen uns als Philologen deshalb nicht zu kümmern.

aktuellen politischen Disput in einer Form benutzt, in der «öfter nicht mehr das Gedenken, das Nichtvergessendürfen das Motiv ist, sondern die Instrumentalisierung [...] zu gegenwärtigen Zwecken». Das ist Walsers Thema in seiner Rede, soweit sie Auschwitz betrifft. Was hat eine derartige Rede dann als Erstes zu geben? Beispiele. Sie skizziert einige kurz und gibt eines ausführlich, aber seltsam verklausuliert, so als wollte sie zwar wissen, aber nicht in aller Deutlichkeit erkennen lassen, um wen und worum es sich handelt. Wir werden darauf zurückkommen. Ich steuere deshalb vorläufig ein Beispiel aus meinem eigenen Umfeld bei. Im Lauf eines Interviews äußert einer der bekanntesten Deutschschweizer Intellektuellen seinen Ärger darüber, dass er in den sozialen Medien ohne Umstände geduzt wird. Angehörigen seiner und auch meiner Generation ist das verständlich. Der Übergang vom Sie zum Du bedeutet für uns den Schritt in eine neue Sphäre der Nähe und der Vertrautheit, ein Schritt, den wir erst nach längerem Kennenlernen und nach reiflicher Überlegung tun. Woran aber erinnert dieser Ärger den Interviewten? An Auschwitz. Werden wir in den sozialen Medien geduzt, dann wollen sie uns etwas anbieten: eine Mitgliedschaft, eine App, ein Gerät usf. Wenn die Wachen in Auschwitz die Häftlinge duzen, noch so jovial, noch so scheinfreundlich, dann haben sie nur ein Angebot für sie: den Tod.[25] Der Begriff ‹Auschwitz› fängt an, zur medialen Scheidemünze für jeden nur (un)möglichen Anlass zu werden und damit alle Trennschärfe, jede historisch-politische Genauigkeit zu verlieren und sich in eine Art Buhmann zu verwandeln, mit dem man die (erwachsenen) Kinder schreckt. Argumentationslogisch steckt in diesem Verfahren die Hoffnung, wenn es gelinge, die Kontrahent*in in irgendeiner Form mit Auschwitz zu identifizieren, verliere sie jeden Anspruch

---

25 Vgl. dazu Jean-François Lyotard, Der Widerstreit, übers. von Joseph Vogl, 2., korrigierte Aufl. München 1989, S. 153 ff.

auf Glaubwürdigkeit und es erübrige sich, ihr auch nur weiter zuzuhören.

Walser hätte gut daran getan, den oben zitierten Kernsatz seines Vortrags noch einmal zu wiederholen. Vielleicht sogar zweimal. Ihm das Wort von der «Instrumentalisierung [...] zu gegenwärtigen Zwecken» im veröffentlichten Text mit so viel Deutlichkeit und Nachdruck wie möglich zur Seite zu stellen. So hätte sich vielleicht die Debatte erübrigt, die Ignatz Bubis mit seiner Erwiderung ausgelöst hat. Vielleicht ist es aber auch gut, weil klärend und erhellend, dass sie stattgefunden hat. Wir werden sehen.

Ignatz Bubis, damals Präsident des Zentralrates der Juden in Deutschland, gedenkt am 9. November 1998 in der Berliner Synagoge an der Rykerstraße der 60. Wiederkehr des landesweiten Pogroms vom 9. November 1938 (der sog. ‹Reichskristallnacht›). Nach einem einleitenden historischen Rückblick kommt er auf Walsers Paulskirche-Rede zu sprechen. Er lässt von Anfang an keinen Zweifel daran, wie er diese Rede versteht und einschätzt:

> «Den neuesten Versuch, Geschichte zu verdrängen beziehungsweise die Erinnerung auszulöschen, hat Martin Walser anlässlich seiner Dankesrede anlässlich des ihm verliehenen Friedenspreises des Deutschen Buchhandels am 11. Oktober dieses Jahres unternommen.»[26]

Um diesen Vorwurf zu beweisen, lässt Bubis nun eine Reihe von Zitaten folgen, die dementsprechend aus Walsers Rede herausgeschnitten und montiert sind.[27] In dieser Kette von Zitaten fehlt

---

26 Frank Schirrmacher, Hg., Die Walser-Bubis-Debatte. Eine Dokumentation, Frankfurt/M. 1999, S. 168 f. – Die Dokumentation ist bestrebt, möglichst alle Zeugnisse dieser Debatte wiederzugeben, bis hin zu von Walser und Bubis ausgewählten Leser*innen-Briefen. Wir konzentrieren uns hier auf die Beiträge von Walser und Bubis.

27 «Aus eigener Erfahrung weiß ich, daß Bubis viel liest, doch (vielleicht auch aus politischen Gründen) nicht immer korrekt zitiert» (Michael Wolffsohn, Reflex und Reflexion, Walser-Bubis-Debatte, ebd. S. 159).

auch der Satz nicht, der Walser so viel Missdeutung zugezogen hat: «Auschwitz eignet sich nicht [dafür], Drohroutine zu werden, jederzeit einsetzbares Einschüchterungsmittel oder Moralkeule oder auch nur Pflichtübung.»[28] Einiges später, erst gegen Ende seiner Rede, greift Bubis diesen Satz wieder auf:

> «Der Begriff ‹Auschwitz› ist keine Drohroutine oder ein Einschüchterungsmittel oder auch nur Pflichtübung. Wenn Walser darin eine ‹Moralkeule› sieht, so hat er vielleicht sogar Recht, denn man kann, soll und muss von Auschwitz Moral lernen, sollte es allerdings nicht als Keule betrachten.»[29]

Vergleichen wir. Walser behauptet nicht, Auschwitz s e i Drohroutine oder Einschüchterungsmittel oder Pflichtübung. Er betont vielmehr, Auschwitz e i g n e sich nicht zu derart rhetorischer oder politischer Verwendung oder gar als Moralkeule, mit der man Kontrahent*innen argumentativ niederschlagen kann. Einen Begriff ‹Auschwitz›, zu dessen Prädikaten heutzutage Drohroutine, Einschüchterungsmittel, Pflichtübung, Moralkeule zählten, gibt es bei Walser nicht. Seine Rede warnt vor Missbrauch, aber nicht vor Gebrauch.

Zwischenfrage: Gibt es einen Begriff Auschwitz? Kann es ihn geben? Müssten seine Prädikate nicht seine verbindende, vereinheitlichende Fassungskraft zerreißen? Kann ein Begriff – um nur einen seiner Momente festzuhalten – das Vernichtungslager mit der nur 4 km entfernten neudeutschen Musterstadt Auschwitz, über deren Alltag an manchen Sommertagen der Gestank von verbrennendem Fleisch lag, für die Vorstellungskraft nachvollziehbar verknüpfen?[30]

---

28 Bubis ebd., S. 109. – «Dafür» fehlt in Walsers Original.
29 Bubis ebd., S. 112.
30 Vgl. dazu Sibylle Steinbacher, Auschwitz. Geschichte und Nachgeschichte, 4., durchges. Aufl. München 2017, S. 51 f.

«Erheischt negative Dialektik die Selbstreflexion des Denkens, so impliziert das handgreiflich, Denken müsse, um wahr zu sein, heute jedenfalls, auch gegen sich selbst denken. Misst es sich nicht an dem Äußersten, das dem Begriff entflieht, so ist es vorweg vom Schlag der Begleitmusik, mit welcher die SS die Schreie ihrer Opfer zu übertönen liebte.»[31]

Kehren wir zu Bubis zurück. Mit seiner Umdeutung des Walser-Satzes, die wir eben analysiert haben, hat er die Perspektive gewonnen, die er braucht, um seinen anfänglichen Vorwurf an Walsers Text zu beweisen. Wenn der Name ‹Auschwitz›, wie Walser in seiner Rede angeblich behauptet, zu einem Begriff führt, der die oben genannten Prädikate notwendig einbegreift, dann gibt es nur einen Weg, um dieser Notwendigkeit zu entkommen: Wegsehen, Verdrängen und letztendlich Verschweigen. Walsers Rede spielt demnach denjenigen in die Hände, die Auschwitz und mit ihm die deutsche Geschichte von 1933 bis 1945 aus dem gesellschaftlichen Bewusstsein der Gegenwart verbannen wollen. Bubis' Fazit: «Diese Schande» – jene deutsche Geschichte, die zu Auschwitz geführt hat – «war nun einmal da und wird durch das Vergessenwollen nicht verschwinden, und es ist eine ‹geistige Brandstiftung›, wenn jemand darin eine Instrumentalisierung von Auschwitz für gegenwärtige Zwecke sieht.»[32]

Eine sehr harte Anschuldigung, die Schlimmes ahnen lässt. Steht nicht zu befürchten, dass geistige Brandstiftung die tatsächlichen Brandstifter ermutigt und aufstachelt? Dass am Ende in Deutschland wieder Synagogen brennen wie am 9. November 1938? Es fällt damals wie heute schwer, diese Furcht nachzuvoll-

---

31 Theodor W. Adorno, Negative Dialektik, Frankfurt/M. 1966, S. 356.
32 Bubis ebd., S. 111. – Die von Bubis dem Debatten-Band beigegebenen Leser*innenbriefe teilen zumeist diese Auffassung. Für Moshe Zuckermann ist Walsers Rede «vielleicht keine ‹geistige Brandstiftung›, aber den Zeitgeist widerspiegelt sie [...] allemal» (Von Erinnerungsnot und Ideologie; Walser-Bubis-Debatte, ebd.S. 268).

ziehen. Wo ließen sich damals wie heute in der Bundesrepublik Deutschland politische Organisationen ausmachen, die stark genug wären, auch nur ansatzweise eine Restitution des Nationalsozialismus anzustreben, von einer Wiederholung des Holocaust in welcher Form auch immer ganz zu schweigen? Selbst wenn es sie gäbe, selbst wenn sie derartige Absichten verfolgten: Würden die umliegenden Nationen dem mit verschränkten Armen zusehen? Es fällt leichter, diese Furcht zu verstehen, wenn man sich Bubis' Schicksal vergegenwärtigt. 1941 wird er ins Ghetto von Deblin verschleppt, 1944 ins Zwangsarbeitslager Tschenstochau und muss dort Zwangsarbeit leisten, bis das Lager am 16. Januar 1945 von der Roten Armee befreit wird. Sein Vater, sein Bruder und seine Schwester sind unterdessen in Treblinka ermordet worden. Bubis, der immer wieder betont, deutscher Staatsbürger jüdischer Herkunft zu sein[33], gibt mit seiner Rückkehr ins Land der Täter dem neuen Deutschland einen Vertrauensvorschuss. Ist es nicht verständlich, dass er heftig wird, wenn er mutmaßt, irgendwie oder von irgendwem um diesen Vorschuss betrogen zu werden?

Walser hat Bubis' Anschuldigung außer in seiner Rede vom 28. November 1998 an der Universität Duisburg, auf die wir später noch eingehen werden, unerwidert gelassen und sich in den in den deutschen Medien ausbrechenden Pro-und-Kontra-Disput nicht eingemischt. Stellung nimmt er erst in dem von Frank Schirrmacher vermittelten Gespräch mit Ignatz Bubis vom

---

33 Wie Viktor Klemperer, der sich selbst stets als deutschen Staatsbürger evangelischen Bekenntnisses und jüdischer Herkunft beschreibt. Zu Beginn der NS-Herrschaft hält er in einem Streitgespräch fest, «dass ich mit bestem Gewissen Deutschlands Sache verträte, dass ich Deutscher sei und gerade ich <kurs. Im Orig.>» (Viktor Klemperer, Ich will Zeugnis ablegen bis zum letzten. Tagebücher 1933–1941, 1., neu durchges. Aufl. Darmstadt 2015, S. 32), so wie hier an vielen weiteren Stellen in beiden Bänden der Tagebücher.

14. Dezember 1998, an dem noch Frank Schirrmacher und Salomon Korn teilnehmen. Walser strahlt die eine Spur verzweifelte Ungeduld desjenigen aus, der sich missverstanden weiß, Bubis verhält sich eher abwartend bleibt aber seiner Denkweise treu. Beide reden eine Weile lang aneinander vorbei: Walser geht es um die Frage des Gewissens, einen Begriff, der in Bubis' Rede vom 9. November gar nicht vorkommt, Bubis hingegen um die politische Wirkung der Paulskirche-Rede, die dort unerörtert bleibt. Walser gelingt es allmählich, auch dank taktvoll hilfreicher Interventionen von Schirrmacher und Korn, deutlich zu machen, worum es ihm geht: um eine Sprache in Beziehung auf Auschwitz und den Holocaust, die der Individualität des Gewissens gerecht zu werden vermag, ohne darüber ihre Öffentlichkeit zu verlieren.[34] «Wir haben die Weise des Erinnerns noch nicht gefunden […] Die Mehrheit der Deutschen […] hat die gemeinsame Sprache noch nicht gefunden.» Weshalb er das nicht gesagt habe, will Bubis wissen. Er habe, erwidert Walser, «den Übelstand festgestellt […]: Instrumentalisierung, Einschüchterung, Moralkeule, Lippengebet. *Bubis:* Wenn noch ein Satz dabei gewesen wäre. *Walser:* Wie wäre der? *Bubis:* Wir müssen einen Weg finden für ein gemeinsames Erinnern. […] *Walser:* Diesen Satz hat Bundespräsident Herzog beigesteuert.»[35] Walser weicht aus, gibt aber auf diesem Ausweg zu erkennen, dass er einen derartigen Satz als notwendige Ergänzung seiner Rede anerkennt. Das genügt Bubis. «Nachdem Sie in diesem Gespräch Ihren Standpunkt erläutert haben, nehme ich den Ausdruck geistiger Brandstifter zurück.»[36] Seine Sorgen um die zwiespältige Wirkung der Paulskirche-Rede sieht er damit aber keineswegs weggeräumt.

---

34 Wir werden die Rolle des Gewissens und seine Sprache zu einem späteren Zeitpunkt bei sich bietender Gelegenheit noch eingehender erörtern müssen.
35 Walser-Bubis-Debatte, ebd. S. 461.
36 Ebd. S. 464.

«Der Begriff der ‹befreienden Wirkung› ist für mich nach wie vor ein Problem. All diejenigen, die sich bislang nicht getraut haben – die zwar so gedacht haben, aber keinen hatten, auf den sie sich berufen konnten – haben jetzt einen geistigen Vater.»[37]

Wo liegt der Unterschied zum geistigen Brandstifter? Ein geistiger Brandstifter hat nur böses Gefolge: tatsächliche Brandstifter. Ein geistiger Vater hat Kinder: gute und böse.

Das führt uns zur zweiten Spur, die sich durch dieses Gespräch zieht: Die Frage nach der Wirkung, nach den moralischen und politischen Konsequenzen der Rede, die nicht nur von Bubis, sondern auch von Schirrmacher und Korn mehrfach an Walser herangetragen wird. Sehen wir zu, wie er damit umgeht. Seltsam, um nicht zu sagen: befremdend uneinsichtig.

«Das Reden über Instrumentalisierung erweist sich unweigerlich als instrumentell, wenn in ihm etwas mit den deutschen Intellektuellen bzw. den Medien ausgetragen werden soll, ohne sich dabei Rechenschaft über das Instrumentalisierte abzulegen.»[38]

Wer in öffentlicher Rede die Instrumentalisierung der Erinnerung an den Holocaust für sachfremde Zwecke angreift, muss sich bewusst sein, dass seine Absicht dahingehend missdeutet werden kann, er wolle die Erinnerung daran schlechthin abschaffen. Dem muss er Rechnung tragen; nicht in weitläufiger Erörterung, die ihn und seine Zuhörer*innen vom eigentlichen Thema seiner Rede ablenkt, aber in zwei, drei klärenden Sätzen, wie sie Bubis von ihm erwartet und zu denen ihm Schirrmacher und Korn goldene Brücken bauen. Die zu betreten Walser sich weigert. Weshalb? Was hindert ihn daran, zuzugeben, dass seine Rede einer Ergänzung notwendig bedarf und dass hier in diesem Gespräch Gelegenheit wäre, sie zu leisten?

---

37   Bubis ebd.
38   Moshe Zuckermann, Von Erinnerungsnot und Ideologie; Walser-Bubis-Debatte, ebd. S. 284.

Walser beruft sich zunächst auf die mehr als tausend Leser*innen-Briefe, die er erhalten hat und die seine Auffassung seiner Rede größtenteils bestätigten. Daraus leitet er ab, die Mehrheit der öffentlichen Meinung sei auf seiner Seite und jede weitere Erklärung also überflüssig. Bubis hält ihm seine fünf dicken Aktenordner Leser*innen-Briefe entgegen, in denen jüdische Mitbürger*innen die Befürchtung äußern, die Mehrheit der öffentlichen Meinung verstehe Walser so, als habe er das Ende des Erinnerns an den Holocaust gefordert. Beweisen kann seine Ansicht keiner. Auf beiden Seiten nichts als bloße Vermutung. Die Leser*innen-Briefe sind allenfalls ein Indiz, aber kein Beweis. Warum einigen sich die Kontrahenten nicht darauf, jeder habe für seine Annahme einen guten, aber nicht hinreichenden Grund? Walser beharrt jedoch: «Die Mehrheit hat mich richtig verstanden […] Ich lass mir das nicht nehmen.»[39] Was würde ihm denn genommen? Walser ist sich sicher: «Es muss einen Ausdrucksbedarf gegeben haben.»[40] Diesen Bedarf hat seine Rede ebenso aus seiner schlummernden Bewusstheit geweckt wie gedeckt. Er hat, findet er, einen vom allgemeinen gesellschaftlichen Bewusstsein bisher nur empfundenen Mangel zur Sprache gebracht und die richtige Sprache für ihn gefunden. Dieser Anschein von Offenbarung, diese Aura von Prophetie verschwindet aber, wenn sich herausstellt, dass hier bloß eine Meinung oder vielleicht nur die Meinung einer Minderheit zur Sprache gekommen ist. Das mag sich Walser nicht antun lassen oder gar sich selbst antun.[41] Das

---

39 Walser-Bubis-Debatte, ebd. S. 417.
40 Ebd. S. 442.
41 «Also die Leute, die mir geschrieben haben, haben wirklich gesagt, wenn ich das zusammenfassen darf […] Was wir bis jetzt hinter vorgehaltener Hand sagten oder unter Freunden sagten, das haben Sie öffentlich ausgesprochen und dafür sind wir Ihnen dankbar […] Das müssen wir jetzt ernst nehmen.» (Walser-Bubis-Debatte, ebd. S. 445) ‹Ernst nehmen› heisst für Walser: als gültigen Ausdruck allgemeiner gesellschaftlicher Mentalität nehmen. Davon rückt er nicht ab.

ist das eine; nun zu dem anderen Grund, aus dem Walser dem freundlichen Drängen Schirrmachers und Korns auf ein klärendes Wort in Bubis' Sinn nicht nachgibt.

Walser erklärt seinen Gesprächspartnern, wenn er so eine Rede zu halten habe, prüfe er sich wochenlang, was für ihn das Wichtigste sei und was er deshalb sagen müsse. «Ich habe nur diese Selbsterkundung öffentlich vorgeführt. Allerdings mit einem persönlichen Sprachgebrauch […], mit dem Selbsterkundungssprachgebrauch eines Schriftstellers.»[42] Welche Sprache hat er demnach in seiner Rede gesprochen? «Die Sprache der Literatur.»[43] Die Sprache der Literatur ist die Sprache der Fiktion, die Mehrdeutigkeit nicht meidet, sondern entwickelt, um den «Möglichkeitssinn» (Musil) ihrer Leser*innen anzusprechen und aufzurufen. Hätte Walser seinen Redetext im Bannkreis der Literatur, ihrer Distribution und Rezeption belassen, gäbe es an ihm höchstens auszusetzen, dass er die Fiktionalisierung der Realität nicht weit genug treibe.[44] Walser hält seine Rede aber nicht im Kreis der Literatur, sondern an einem Ort und aus einem Anlass, die politisch bestimmt sind. Sein Publikum erlebt ihn und seine Worte demnach politisch. Im öffentlichen Raum verbinden und verbünden sich die Mehrdeutigkeiten der Literatur aber mit Interessendifferenzen, denen sie nun zugeschrieben und beigeordnet werden. Literatur verwandelt sich der Politik an. Die Berufung auf Literatur macht das nicht rückgängig. Wenn also Ignatz Bubis zum wiederholten Mal seine Sorge ausdrückt, die Rede könnte in gewissen Kreisen ganz anders verstanden worden sein, als Walser sie verstanden wissen wolle, so hilft ihm seine knappe Erwiderung nichts (man sieht

---

42   Ebd.
43   Ebd. S. 456.
44   Vgl. dazu Wolfram Malte Fues, Fiktion, in: Ders., Zweifel (Essays), Würzburg 2019, S. 200 ff.

geradezu das Achselzucken): «Das ist immer so bei literarischen Texten.»[45]

Weshalb also sträubt sich Walser dermaßen gegen das ihm mit so viel beschwörender Freundlichkeit abgebetene klärende Wort? Es hätte seinen Text ins Zwielicht von Literatur und Politik gesetzt, in eine nur angesprochene, aber unbestimmt gebliebene Mitte, deren Vagheit jeglicher Auslegung den Weg geebnet hätte. Ein Wort oder auch ein Satz genügen nicht. Walser hätte sich den unvermeidlichen Doppelcharakter seiner Rede während seiner Selbstprüfung bewusst machen und ihm in seiner Rede Raum geben müssen.

Wir haben weiter oben versprochen, Walsers Beispiel für das, was er «Instrumentalisierung, Einschüchterung, Moralkeule, Lippengebet»[46] nennt, hier vorzustellen und zu erörtern. Wir haben die Leser*innen lange warten lassen. Wir bedanken uns für die Geduld, die sie hoffentlich haben aufbringen können.

> «Warum werde ich von der Empörung, die dem Denker den folgenden Satzanfang gebietet, nicht mobilisiert: ‹Wenn die sympathisierende Bevölkerung vor brennenden Asylantenheimen Würstchenbuden aufstellt …› Das muss man sich vorstellen: die Bevölkerung sympathisiert mit denen, die Asylantenheime angezündet haben, und stellt deshalb Würstchenbuden vor die brennenden Asylantenheime, um auch noch Geschäfte zu machen. Und ich muss zugeben, dass ich mir das, wenn ich es nicht in der intellektuell maßgeblichen Wochenzeitung und unter einem verehrungswürdigen Namen läse, nicht vorstellen könnte. Die tausend edle Meilen von der Bildzeitung entfernte Wochenzeitung tut noch ein Übriges, um meiner ungenügenden moralisch-politischen Vorstellungskraft zu helfen, sie macht aus den Wörtern des Denkers fettgedruckte Hervorhebungskästchen, dass man das Wichtigste auch dann zur Kenntnis nehme, wenn man den Aufsatz selber nicht Zeile für Zeile liest. Da sind dann die Wörter des Denkers im Extraschaudruckkästchen so zu besichtigen: ‹Würstchenbuden vor brennenden Asylantenheimen und symbolische Politik für dumpfe Gemüter›.»[47]

45 Walser-Bubis-Debatte, ebd. S. 458.
46 Siehe Anm. 35.
47 Walser ebd. – Dass es sich um die Ausschreitungen in Hoyerswerda vom 17. bis zum 23. September 1991 handelt, ist gewiss bereits deutlich.

Worauf will Walser hinaus? Dass er das alles nicht glaubt? Dass der Denker fabelt? Wo möglich als leitender Teilhaber irgendeiner scheinbar aufklärenden Verschwörung, die den faschistischen Mob mit dem Drohfinger an die Wand malt? Nein. Er will auf eine Sprache aufmerksam machen, deren Rhetorik seiner Auffassung nach die Vorstellungskraft nicht weckt, sondern durch die Stereotypie der Reizwort-Wiederholung lähmt. Die vergisst, während sie mit aller Macht überzeugen will, dass Überzeugung Walter Benjamin zufolge unfruchtbar ist. Walsers eigenem Umgang mit Sprache läuft diese Sprache geradenwegs zuwider:

> «Mein Vertrauen in die Sprache hat sich gebildet durch die Erfahrung, dass sie mir hilft, wenn ich nicht glaube, ich wisse etwas schon. Sie hält sich zurück, erwacht sozusagen gar nicht, wenn ich meine etwas schon zu wissen, was ich nur noch mit Hilfe der Sprache formulieren müsse.»[48]

Walser hat den Philosophen im Verdacht, dass er die Sprache als gefügiges Darstellungsmittel benutzt, was nach seiner Erfahrung als Schriftsteller zur Folge hat, dass sich die Sprache gegen ihn wendet und ihm eben jene Eindrücklichkeit versagt, die er mit allen rhetorischen Mitteln erreichen will.

Woher, von welchem Ort aus spricht nun diese Sprache, die sich über das Nebeneinander von brennenden Asylantenheimen und Würstchenbuden gar nicht zu fassen weiß, gar nicht fassen will? Walsers Vermutung nach von jener Instanz her, die man Gewissen nennt: «Es gibt die Formel, dass eine bestimmte Art Geistestätigkeit» – die oben zitierte nämlich – «die damit Beschäftigten zu Hütern oder Treuhändern des Gewissens mache; diese Formel finde ich leer, pompös, komisch. Gewissen ist nicht delegierbar.»[49] Warum? Weil es die denkbar privateste, intimste, innerlichste Instanz der Selbstprüfung und Selbstvergewisserung

---

48 Ebd.
49 Ebd.

ist. «Mit seinem Gewissen ist jeder allein.»[50] Also wird es von seiner Veröffentlichung pervertiert, zu einer so pompös komischen Figur wie ein Kanzelredner im Schlafanzug.

Man kann den Diskurs des verehrungswürdigen Denkers gewiss vom Konzept des Gewissens her aufschlüsseln. Aber nicht so schnell und nicht so einfach. Da fehlt ein beträchtlicher Teil der nötigen Analyse, die ein Redetext ja auch nicht leisten kann. Wir wollen versuchen, sie nachzutragen. Für den weiten Umweg[51], den wir deshalb einschlagen müssen, bitten wir unsere Leser*innen noch einmal um Geduld.[52]

III

Walser bezieht sich für seinen Begriff des Gewissens auf Hegel:

> «Das Gewissen, diese tiefste innerliche Einsamkeit mit sich, wo alles Äußerliche und alle Beschränktheit verschwunden ist, diese durchgängige Zurückgezogenheit in sich selbst ...»[53]

Hegel fährt eine Zeile später fort:

> «Dieses ist somit ein hoher Standpunkt, ein Standpunkt der modernen Welt, welche erst zu diesem Bewusstsein, diesem Untergange in sich

---

50 Walser ebd.
51 «Der Weg des Geistes ist die Vermittlung, der Umweg» (G. W. F. Hegel, Berliner Einleitung in die Vorlesungen über die Geschichte der Philosophie; Werke in 20 Bdn, hg. von Eva Moldenhauer und Karl Markus Michel, Bd. 20, Frankfurt/M. 1970, S. 507).
52 «Die Schwierigkeit von Walsers Friedenpreisrede [...] betrifft deren komplizierten Aufbau», denn: «Die selbstreflexive Grundhaltung des Autors verleiht der ganzen Rede den Charakter einer Werkstattüberlegung, worauf bereits ihr Titel, Erfahrungen beim Verfassen einer Sonntagsrede, anspielt.» (Daniel Hofer, Ein Literaturskandal, wie er im Buche steht. Zu Vorgeschichte, Missverständnissen und medialem Antisemitismusdiskurs rund um Martin Walsers Roman Tod eines Kritikers, Wien/Berlin 2007, S. 41 und S. 42).
53 Grundlinien der Philosophie des Rechts, § 136, Zusatz; Werke in 20 Bdn, ebd. Bd. 7, Frankfurt/M. 1970, S. 254.

gekommen ist. Die vorangegangenen sinnlicheren Zeiten haben ein Äußerliches und Gegebenes vor sich, sei es Religion oder Recht; aber das Gewissen weiß sich selber als das Denken, und daß dieses mein Denken das allein für mich Verpflichtende ist.»

Alles klar? Scheint so. Denn:

«Das Gewissen drückt die absolute Berechtigung des subjektiven Selbstbewußtseins aus, nämlich in sich und aus sich selbst zu wissen, was Recht und Pflicht ist.»[54]

Das jedoch ist eine formale Bestimmung, die nichts weiter bestimmt als den Reflexionsprozess der Vernunft in der Gestalt des modern verständigen Individuums. Sie wird durch die Negation des gesellschaftlich Allgemeinen gesetzt und erhält sich in ihr. Aber eben in solcher Negativität gibt jenes Individuum dieses Allgemeine als seine Wahrheit zu erkennen, aus der es Gestalt und Kontur annimmt und von der es ganz und gar abhängt:

«Was Recht und Pflicht ist, ist als das an und für sich Vernünftige der Willensbestimmungen wesentlich weder das besondere Eigentum eines Individuums noch in der Form von Empfindung oder sonst einem einzelnen, d. i. sinnlichen Wissen, sondern wesentlich von allgemeinen, gedachten Bestimmungen, d. i. in der Form von Gesetzen und Grundsätzen.»

Schlussfolgerung:

«Das Gewissen ist daher diesem Urteil unterworfen […], und seine Berufung nur auf sein Selbst ist unmittelbar dem entgegen, was es sein will, die Regel einer vernünftigen, an und für sich gültigen allgemeinen Handlungsweise.»[55]

Im Gewissen des besonderen, durch seine Interessen, Geschäfte, Neigungen und Abneigungen besonderten Subjekts sammeln sich die Grundsätze, auf denen seine Gesellschaft sittlich und moralisch fußt. Sie durchziehen es wie ein Lichtbogen, der jedes

---

54 Ebd. § 137, S. 255.
55 Ebd.

Mal warnend aufleuchtet, wenn besondere subjektive Handlungen mit ihren allgemeinen, sie fundierenden Bedingungen zu kollidieren drohen.

Walser veranschaulicht diesen seinen Begriff des Gewissens mit einem Blick auf Kleists *Prinz Friedrich von Homburg*. Diese Hinsicht leuchtet ein, sieht aber viel tiefer, als die kurze Andeutung bei Walser verrät. Kleist operiert mit dem oben skizzierten Konzept des Gewissens, um es wie bei ihm üblich ins Extrem zu treiben.

Gesetzt, ich habe etwas getan, was den Grundsatz einer «an und für sich gültigen allgemeinen Handlungsweise» derart verletzt, dass es mit meinem Tod bestraft werden muss. Gesetzt weiter, mein individuelles Denken, sein Interesse an meiner Fortexistenz, findet kein Argument gegen diesen Grundsatz und seine Folge, so dass ich beide nunmehr als wesentliche Bestimmungen meiner Individualität auffassen muss – bin ich dann nicht meinem Gewissen dahingehend verpflichtet, meinen Tod nicht nur an- und hinzunehmen, sondern ihn als mein Recht zu fordern? Eben das tut der Prinz:

> «Ich will den Tod, der mir erkannt, erdulden!
> […]
> Ich will das heilige Gesetz des Kriegs
> Das ich verletzt, im Angesicht des Heers
> Durch einen freien Tod verherrlichen!
> Was kann der Sieg euch, meine Brüder, gelten
> Der eine, dürftige, den ich vielleicht
> Dem Wrangel noch entreiße, dem Triumph
> Verglichen, über den verderblichsten
> Der Feind' in uns, den Trotz, den Übermut.»[56]

Nur wenn das Gewissen des modernen Menschen, das seine Individualität mit ihrer gesellschaftlichen Allgemeinheit negativ

---

56   Fünfter Akt, siebter Auftritt; Sämtliche Werke und Briefe, hg. von Helmut Sembdner, 7., erg. und rev. Aufl., Bd. I, München 1983, S. 703 f.

vermittelt, diese Negation anerkennt und sie in ihrer Wahrheit zu erkennen gibt, sobald es sich öffentlich äußert, nimmt es die die «absolute Berechtigung des subjektiven Selbstbewusstseins» zu Recht in Anspruch. So weit der Begriff des Gewissens, wie ihn Philosophie und Literatur zu Zeiten der deutschen Klassik fassen und wie er im Hintergrund von Walsers Argumentation steht. Psychoanalytisch formuliert: Wo Es war, soll Ich werden[57], aber wo Über-Ich ist, soll Ich sich nicht einnisten.

Überprüfen wir nun, ob und wie weit der Diskurs des verehrungswürdigen Denkers diesem Begriff genügt. Lassen wir ihn dazu ausführlich selbst zu Wort kommen. Walser bezieht sich in seiner Rede auf Jürgen Habermas' Abhandlung «Die zweite Lebenslüge der Bundesrepublik: Wir sind wieder ‹normal› geworden», die am 11. Dezember 1992 in «DIE ZEIT» Nr. 51/1992 erschienen ist. Sie übt, gestützt auf eine linksliberale Interpretation des Grundgesetzes, scharfe Kritik an der Asyl-Gesetzgebung der damaligen Bundesregierung und fordert deren humanitäre Revision. Dagegen erhebt Walsers Paulskirche-Rede nirgendwo Einspruch. Während man die Abhandlung ein erstes Mal liest, ertappt man sich öfters bei bestätigendem Nicken. Liest man sie ein zweites und drittes Mal, stockt das Nicken an verschiedenen Stellen.

Habermas beginnt seinen Text mit einer Reminiszenz an die Rede, die Manfred Frank am 9. November 1992 zum Gedenken an die Pogrom-Nacht von 1938 in der Frankfurter Paulskirche gehalten hat und in der er die Haltung der Regierenden in der Asyldebatte wie folgt kritisiert: «Goebbels' Populismus wusste den Reim auf die Konsequenzen der Anpassung ans unqualifizierte

---

57 «Die Psychoanalyse ist ein Werkzeug, welches dem Ich die fortschreitende Eroberung des Es ermöglichen soll.» (Sigmund Freud, Das Ich und das Es; Studienausgabe, hg. von Mitscherlich/Richards/Strachey, Bd. III, Frankfurt/M. 1975, S. 322).

Volksempfinden.»[58] Der Populismus der Bundesregierung hat offenbar dort gelernt. Habermas beteuert zwar sogleich, Frank stelle «keineswegs demokratisch gewählte Politiker auf eine Stufe mit Goebbels», aber: Wer einer Person A die gleiche Perspektive wie einer Person B unterstellt, stellt sie miteinander auf die gleiche Stufe. Wenig später ergänzt Frank das «unqualifizierte» durch das «gesunde Volksempfinden», womit Goebbels nun tatsächlich zu Wort kommt. Wieder ein wenig später Habermas wörtlich:

> «Wenn die sympathisierende Bevölkerung vor brennenden Asylantenheimen Würstchenbuden aufstellt, ist für die Mehrheitsbeschaffer keine offensive Überzeugungsarbeit angesagt, sondern symbolische Politik – [...] die nichts kostet, auch nichts ändert, aber den dumpfesten Gemütern die Botschaft zukommen lässt: Das Problem am Fremdenhass sind die Fremden.»[59]

Wieder eine Seite später heißt es:

> «Die Reaktionen auf den rechten Terror – die aus der politischen Mitte der Bevölkerung und die von oben: aus der Regierung, dem Staatsapparat und der Führung der Parteien – machen das ganze Ausmaß der politisch-moralischen Verwahrlosung sichtbar.»[60]

An beiden Sätzen nimmt Walser Anstoß. Wir werden darauf zurückkommen. Schließlich:

> «Heute tritt das Unsägliche, das ein Fünftel der Bevölkerung auch bisher gedacht haben mag, aber nicht öffentlich geäußert hat, über die Ufer.»[61]

Hingegen ist es «die linke und die liberale Massenbasis, die [...] den halbherzigen und zweideutigen Reaktionen von oben ein

---

58 Frank in Habermas, zit. nach https://www.zeit.de/1992/51. Letzter Zugriff 15. Februar 2024.
59 Habermas ebd., S. 2. – Damit sind wie bereits angemerkt die Ereignisse von Hoyerswerda gemeint.
60 Ebd. S. 3.
61 Ebd. S. 7.

Ende macht [...] Die Bevölkerung ist besser als ihre Politiker und ihre Wortführer.»[62]

Das von Habermas so emphatisch beschworene Grundgesetz gilt als Verfassung des gesamten deutschen Volkes. Dieses Volk zerfällt für ihn jedoch einerseits in «die linke und liberale Massenbasis», der er Verfassungstreue attestiert und die damit in ihren Geltungsbereich gehört, andererseits in die moralisch-politisch verwahrlosten dumpfen Gemüter des unqualifizierten Volksempfindens, die sich für ihn weit außerhalb davon befinden. Der Bevölkerung steht die Un-Bevölkerung, der Bürgerschaft die Nicht-Bürgerschaft gegenüber. Wäre es da nicht besser, Habermas setzte das Volk ab und ein neues ein? Oder entzöge wenigstens den Nicht-Bürgern das aktive und passive Wahlrecht und initiierte so den Übergang von der Demokratie zur Oligarchie, zur politisch korrekten Herrschaft der καλοκαγαθοι, wie sie sich im klassischen Griechenland nannten?

Von den von ihm kritisierten «Mehrheitsbeschaffern» fordert er «offensive Überzeugungsarbeit». Offenbar sind die so angesprochenen politischen Parteien der Überzeugung, eben damit keine Mehrheiten beschaffen zu können. Aber darin liegt in einer marktwirtschaftlich fundierten Mandatsdemokratie ihre politische Aufgabe. «Offensive Überzeugungsarbeit» ist, wie die Geschichte beweist, Sache diktatorischer Regierungen und ihrer politischen Massenorganisationen. Goebbels und sein Ministerium waren Meister darin. Die Aufgabe, Mehrheiten zu gestalten und allenfalls umzugestalten, obliegt der Zivilgesellschaft und ihren meinungsbildenden Eliten, also auch und zuvörderst Manfred Frank und Jürgen Habermas. Die Angehörigen der «linken und liberalen Massenbasis», zu der sich der Verfasser dieser

---

62   Ebd. S. 9 f.

Arbeit ebenfalls rechnet, sind ihnen für diesbezügliche Hinweise und Vorschläge stets dankbar.[63]

Die von Habermas so hoch gelobte Verfassung proklamiert das allgemeine, freie, gleiche und geheime Wahlrecht, auch für die dumpfsten Gemüter unter den Bratwurstessern von Hoyerswerda. Liberal bürgerlicher Demokratie zufolge[64] muss also, wer die Politik der Nation ändern will, die Gestalt der regierenden Mehrheit ändern. «Mehrheitsbeschaffer» sind demnach unumgänglich notwendig. Aber:

> «Da reale Mehrheiten stets fehlbar sind» – irreale Minderheiten sind also unfehlbar? – «kann nicht schon die Berufung aufs [...] gesunde Volksempfinden legitimierend wirken. Ihre provisorische Legitimation bezieht eine demokratische Entscheidung erst daraus, dass sie sich einer prinzipiell unbeschränkten Überprüfung offenhält, in der sich der bessere Grund durchsetzen kann.»[65]

Daran lässt bereits Lockes Demokratie-Definition keinen Zweifel. Aber: Wie kann sich der bessere Grund denn durchsetzen? Einfach deshalb, weil es ihn gibt? Weil ihm die höhere Vernünftigkeit unwiderleglich eingeschrieben ist? Weil er nur erscheinen muss, um zu gelten? Schopenhauer würde von «ruchlosem Optimismus» sprechen. Verknüpft sich die «unbeschränkte Überprüfung» nicht mit «uneingeschränkter Überzeugungsarbeit», bleibt sie folgenlos.[66] Wenn Frank und Habermas für sich be-

---

63 Zum Beispiel für eine Methode «offensiver Überzeugungsarbeit» gegenüber jener Studentin, die, sich politisch zu den Grünen rechnend, in Dortmund in der Nachbarschaft zweier Nazi-Häuser wohnt und dazu meint: «Mir ist das eigentlich Latte, ich bekomm da nix mit.» (Jonas Hermann, Tür an Tür mit Rechtsextremen, «NZZ» vom 16. Mai 2020, S. 5).
64 So bereits 1690 John Locke in Two Treatises of Government, Buch II, Kap. 8.
65 Frank in Habermas, ebd. S. 2.
66 Daran lässt bereits Rousseau keinen Zweifel: «Die einzelnen sehen das Gute, das sie verwerfen, die Öffentlichkeit will das Gute und sieht es

anspruchen, die Grundsätze einer (inwiefern?) besseren Politik zu kennen, müssen sie wesentlich dazu beitragen, dass diese Kenntnis von einer Mehrheit anerkannt wird. Wie jedoch soll das gegenüber einer «politischen Mitte der Bevölkerung» geschehen, der Habermas «moralisch-politische Verwahrlosung» attestiert? Moralisch-politisch Verwahrloste erreicht auch die hartnäckigste Überzeugungsarbeit nicht; sie sind immun gegen andere Gründe als ihre eigenen.

Wir kehren zu Walsers Paulskirche-Rede zurück. Wer Überzeugungsarbeit leisten will, darf an seinen Adressat*innen Kritik üben, auch scharfe; aber er darf sie nicht der Verachtung aussetzen. Er muss, will er ihnen ins Gewissen reden, sein eigenes Gewissen bewähren. Er muss sein Denken und Handeln einer «an und für sich gültigen allgemeinen Handlungsweise» merkbar unterstellen und denen, die er anspricht, wegweisend zeigen, dass er sie eben dieser Handlungsweise grundsätzlich für fähig hält. Wahre Kritik weiß, dass sie auch in ihrer negativen Form letztendlich Anerkennung des Kritisierten bedeuten muss, sonst bleibt sie wirkungslos. Wahre Kritik verneint, um das Verneinte vor der Vernichtung zu bewahren. Wer jedoch das Denken und Handeln seiner Adressat*innen als «unqualifiziertes Volksempfinden» abqualifiziert, hält es der Annahme einer «an und für sich gültigen allgemeinen Handlungsweise» für unfähig. Die so Angesprochenen haben kein Gewissen; also braucht, wer sie anspricht, sein Gewissen nicht zu befragen. Er kann auf die Mühen

nicht. Beide bedürfen gleichermaßen der Führung: die einen muss man zwingen [!], ihren Willen nach der Vernunft zu richten, die anderen muss man lehren, das zu erkennen, was sie will.» (Der Gesellschaftsvertrag, II. Buch, 6. Kap.; Sozialphilosophische und politische Schriften. In Erstübertragung von Eckhart Koch und mit einem Nachwort von Iring Fetscher, München 1981, S. 300) Vgl. dazu Wolfram Malte Fues, Der universelle Intellektuelle. Eine kleine Genealogie, Basel/Berlin 2023, S. 21 ff.

der Kritik verzichten und sich mit Verachtung begnügen, also seine rein individuelle Denkweise, deren Fixierungen, Obsessionen und Aversionen, unmittelbar für allgemein vernünftige Grundsätze ausgeben. So überzeugt man niemanden; so immunisiert man gegen alle Überzeugung. Psychoanalytisch gesprochen: Das Ich gibt sich nicht als Bote des Über-Ichs zu erkennen, sondern behauptet, es zu sein.

Kritik will, dass das Kritisierte sich verändert und verbessert; Verachtung will, dass ihr Gegenstand verschwindet. Deshalb versucht sie, der von ihr geübten Negation die Gestalt der Annihilation zu geben. Während jedoch Kritik in der von ihr geübten Negation die darin angekündigte und aufgehobene Positivität stets bewahrt und erfahrbar hält, widerfährt der Annihilation die Wiederkehr des zu Tilgenden in immer eindrücklicher werdender Gestalt, in immer grelleren Farben und immer heftigerer Wirksamkeit. Was der Vernichtung widersteht und sie übersteht, bereichert sich um die von ihr aufgewendete Kraft. Gegen diese Erfahrung weiß Verachtung kein anderes Mittel, als ihren Vernichtungsanspruch rhetorisch zu steigern und sich diskursiv zu überbieten. Ihre Subjekte geraten, wie an Frank und Habermas gut zu beobachten, diesbezüglich in Wettbewerb. «Unqualifiziertes Volksempfinden» in der politischen Obhut eines Populismus nach Art von Goebbels: zum ersten. «Moralisch-politische[...] Verwahrlosung» nicht nur der «dumpfsten Gemüter» vor den Würstchenbuden von Hoyerswerda, sondern auch in der politischen Mitte der Bevölkerung, der Regierung, dem Staatsapparat und der Führung der Parteien: zum zweiten. Der Vergleich mit, die Parallele zu, die Reminiszenz an Auschwitz: zum dritten? Hat Walser nicht recht, wenn er warnt: «Auschwitz eignet sich nicht dafür, Drohroutine zu werden, jederzeit einsetzbares Einschüchterungsmittel oder Moralkeule?»[67]

67 Paulskirche-Rede 1998, ebd.

Frank und Habermas inszenieren sich als das Gewissen der Nation, das ist offenkundig. Aber was hat das mit Instrumentalisierung zu tun? Wer instrumentalisiert was wofür? Für wen? Um diese Frage zu beantworten und uns ganz deutlich zu machen, wovor Walser letztendlich warnt, müssen wir noch einmal zu Hegel zurückkehren.

Noch einmal also: Was ist das Gewissen? «Die Vorstellung allgemeiner Individualität, des seiner selbst gewissen Geistes, der zugleich allgemeine Wahrheit ist.»[68] Vorstellung. Wer stellt sich was vor? Das in seine Geschäfte mit sich und seiner Welt versunkene und verstrickte zufällig besondere Subjekt, dessen durchs gesellschaftlich Allgemeine vermittelte Selbstbewusstsein ihm die Handlungsanweisungen eben dieser Gesellschaft in ihren Grundsätzen, Prinzipien und Maximen unmittelbar vorstellt, als fraglos gewisses Gegenüber, das sich darin als subjektives Wissen anmahnt. Hebe deine zufällige Besonderheit, fordert es, sie negierend in meine notwendige Allgemeinheit auf, vermittle deine zufälligen Interessen, Wünsche, Geschäfte mit ihr und verwandle deine besondere Subjektivität auf diesem Weg in eine allgemeine Individualität, die jene Besonderheit gemäß der allgemeinen Wahrheit deiner Gesellschaft bestimmt und formt. Auf diese Weise gewinnt das zufällige Subjekt eine notwendige Individualität, die den konkreten Zusammenhang zwischen Besonderheit und Allgemeinheit beispielgebend vorstellt. Aber diese Negation gibt zunächst nur ein zur freien Nachahmung auffordernes Beispiel für solche Konkretion. Keineswegs vergegenwärtigt sie die «allgemeine Wahrheit» ihrer Gesellschaft so, als verschwände aus der von ihr erzeugten allgemeinen Individualität jede Spur zufälliger Besonderheit, als stehe diese Besonderheit nun an der Stelle jener Allgemeinheit, als strahle ihre Zufälligkeit nun plötzlich den Glanz der Notwendigkeit aus. Niemand kann sich zum Ge-

---

68 Vorlesungen über die Geschichte der Philosophie, ebd. Bd. 18, S. 491.

wissen seiner Nation machen; er kann sie nur durch sein Beispiel in Denkweise und Lebenspraxis auf ihre Gewissenhaftigkeit hinweisen. Andernfalls instrumentalisiert er die gesellschaftlich allgemeine Wahrheit für seine besonderen Interessen, insbesondere für das Interesse an seiner Person und ihrer gesellschaftlichen Geltung.[69] Frank und Habermas (und nicht nur sie) stehen im Wettbewerb, wem das am besten und am breitesten gelingt. Dazu ist den offiziellen Intellektuellen jedes Mittel recht, das Aufmerksamkeit zu erregen vermag: Kryptofaschistische Flüchtlingspolitik, Würstchenbuden vor brennenden Asylanten-Unterkünften – warum nicht in der nächsten Runde Auschwitz?

Walser hat sich vor dem Gespräch vom 14. Dezember 1998 nirgend zu Bubis' Anschuldigung geäußert, sondern die Debatte in ihrem Pro und Contra sich selbst überlassen. Nur in seiner Rede vom 28. November 1998 an der Universität Duisburg nimmt er Stellung, vor allem zu einem Begriff, den Bubis in seiner Rede vom 9. November 1998 nicht angesprochen hat, der aber im Mittelpunkt von Walsers Überlegungen zu angemessener Erinnerung an die Shoah steht: zum Begriff des Gewissens.[70] Wie ihn die Paulskirche-Rede fasst, haben wir oben bereits ausführlich erörtert. Die Rede an der Universität Duisburg wählt einen anderen, sehr aufschlussreichen Weg, dem wir nun folgen wollen.

> «Ich kann nicht übersehen, dass sowohl in der ‹ZEIT› wie im Professorenbrief[71] mein Wort persönlich durch privat ersetzt ist. Ist das ein Zufall? Für mich ist persönlich noch lange nicht privat.»[72]

---

69   «Das Herzklopfen für das Wohl der Menschheit geht [...] in das Toben des verrückten Eigendünkels über» (Hegel, Phänomenologie des Geistes, ebd. Bd. 3, Frankfurt/M. 1970, S. 280).
70   Vgl. dazu Alexander Krisch, «Das Ideal: Entblößung und Verbergung gleichsetzen. Also eine Entblößungsverbergungssprache.» Martin Walser und die Shoah, Marburg 2010, S. 48 ff., wo dazu weiteres Material aus Walsers Gesamtwerk zusammengetragen wird.
71   Siehe Walser-Bubis-Debatte, ebd. S. 119 und S. 178.
72   Rede an der Universität Duisburg; Walser-Bubis-Debatte, ebd. S. 258.

Bei Weitem nicht. Privat wird, wer sich aus seinen gesellschaftlichen Vermittlungen und deren substanzieller Allgemeinheit völlig auf die Besonderheit seines abstrakten Ichs zurückzieht, um dort die Widersprüche seines Selbstbewusstseins rein mit sich selbst auszutragen. Folgen für ihn und andere zeitigen diese gegen außen gut abgeschirmten Kämpfe keine. Sie erzeugen aber die Selbstzufriedenheit, mit sich gerungen, Einsicht gezeigt, bereut zu haben und wieder ein guter Mensch geworden zu sein, ein Lustgefühl, das zur Wiederholung anregt und auffordert: «Niemand soll ins Kloster gehen,/als er sei denn wohl versehn/ Mit gehörigem Sünden-Vorrat, / Damit es ihm so früh als spat / Nicht mög am Vergnügen fehlen,/ Sich mit Reue durchzuquälen.»[73] Hätte Walser seine Paulskirche-Rede so gehalten, wie er sie gehalten hat, wenn es ihm um derartige Privatheit gegangen wäre? Was macht demgegenüber nun das Persönliche eines gesellschaftlichen Subjekts aus? Wie bestimmt es sich zur Person?

> «Die konkrete Person, welche sich als besonderer Zweck ist, als ein Ganzes von Bedürfnissen und eine Vermischung von Naturnotwendigkeit und Willkür, ist das eine Prinzip der bürgerlichen Gesellschaft, – aber die besondere Person als wesentlich in Beziehung auf andere Besonderheit, so dass jede durch die andere und zugleich schlechthin nur als durch die Form der Allgemeinheit, das andere Prinzip, vermittelt sich geltend macht und befriedigt.»[74]

Die Person an sich ist das bloße Nebeneinander der Privatheit und jener Öffentlichkeit, von der sich das Private abgrenzt. Beide stehen unmittelbar negativ zueinander; eins sucht das andere von sich auszuschließen, wodurch beide unzertrennlich werden. Um dem Leid ein Ende zu machen, das diese negative Unmittel-

---

73 Johann Wolfgang von Goethe, Zahme Xenien IX; Jubiläumsausgabe in 40 Bdn, hg. von Eduard von der Hellen et al., Berlin 1902 ff., Bd. 4, S. 126.
74 Hegel, Grundlinien der Philosophie des Rechts, ebd. Bd. 7, Frankfurt/M. 1970, S. 339.

barkeit verursacht, muss die beidseitig abstrakte Person danach trachten, sie aufzuheben, ihren Widerspruch mit sich zu vermitteln und so zur konkreten Person zu werden. Ein Weg, ein Verfahren solcher Vermittlung ist, was Walser unter dem Gewissen versteht. Er erinnert daran,

> «dass wir Gewissen erworben haben aus dem lateinischen conscientia, und das Lateinische hat's offenbar erworben aus dem griechischen synteresis, und das bedeutet ein Mitwissen. Ich setze hinzu: Also ein Teilhaben. Oder doch ein Teilnehmen.»[75]

Gewissen in dieser Bedeutung vergewissert sein Subjekt nicht nur jener allgemeinen Grundsätze praktischer Vernunft, die es aus Geschichte und Gegenwart seiner Gesellschaft erworben hat, sondern mahnt es zugleich an die Herkunft des Erworbenen und somit daran, dass seine Privatheit durch seine Öffentlichkeit ursprünglich bestimmt ist und es folglich an ihr notwendig teilhat und teilnehmen soll. Schreibende wie Walser nehmen teil, indem sie so weit und so genau wie ihnen möglich die Idee einer Sprache verfolgen, die dem Wesen dessen, wovon sie spricht, eine Form gibt, in der das Wovon dem Woher entspricht, die Sprache und das Angesprochene sich ineinander aufheben. Hier also: Die Privatheit des sprechenden Subjekts und die Öffentlichkeit der von ihm angesprochenen Grundsätze. Ob diese Sprachpraxis von der politischen Öffentlichkeit ihrer Gesellschaft begrüßt oder bekämpft wird, braucht ihr Subjekt nicht zu kümmern. Die konkrete Person erfüllt ihre Bestimmtheit in der ständig wachen Vermittlung zwischen Privatheit und Öffentlichkeit, zwischen dem, was sie als richtig einsieht, und dem, was sie als richtig allgemein sichtbar macht. Sie bleibt sich gewiss, das Richtige zu

---

75 Rede an der Universität Duisburg; Walser-Bubis-Debatte, ebd. S. 259. – «συν–τηρεω = spätgriechisch mitbewahren, im Neuen Testament zugleich oder zusammen bewahren, übertragen: im Gedächtnis behalten, verehren.» (Benselers griechisch-deutsches Schulwörterbuch, in 13. Aufl. hg. von Adolf Kaegi, Leipzig und Berlin 1910, S. 884).

tun, selbst wenn sie weiß, dass sie dafür wahrscheinlich gerichtet wird.[76] Sie findet darin ihren Frieden, was nicht heißt, dass sie selbstzufrieden wird – im Gegenteil. Diese Überlegung führt uns zu dem Wort, für dessen Gebrauch allein man Walser der Geschichtsvergessenheit, wenn nicht gar der Holocaustleugnung verdächtigt. «Ich will meinen Seelenfrieden […] Und wie ich ihn kriege, das ist in mir, das ist mein Gewissenshaushalt. Und da lasse ich mir von niemandem […] dreinreden.»[77] Was will der? Pflegt das linke Feuilleton zu fragen. Seinen Seelenfrieden? Na klar: Man soll seine Seele, sein so empfindsames, so wenig belastbares Gemüt mit diesen Geschichten von Judenverfolgung und Holocaust in Frieden lassen. Da haben wir's. Nein. Haben wir nicht. Ganz im Gegenteil. Mein Seelenfriede, stellt Walser fest, hängt von meinem Gewissenshaushalt ab. Den führt jede konkrete Person, weil sie zwischen dem privaten Bewusstsein ihrer allgemeinen ethischen Grundsätze und deren öffentlicher Praxis stets vermitteln muss. Unterlässt sie's, fällt sie in die abstrakte Privatheit zurück. Walsers Suche nach einer Auschwitz entsprechenden Sprache führt im besten Fall zu produktiven Ruhepunkten, die sie früher oder später wieder verlassen muss, weil ihr Findungserfolg zu Schein wird. Einesteils weil ein ethisches Selbstbewusstsein, das sich bei seiner eigenen Gewissheit zweifelsfrei beruhigt, aufhört, ein Gewissen zu sein[78], anderenteils

---

76 Deshalb gehören für Saul Friedländer «Hans und Sophie Scholl und ihr Kreis […] zu den wenigen echten Märtyrern des antinazistischen Widerstandes in Deutschland» (Die Metapher des Bösen. Über Martin Walsers Friedenspreis-Rede und die Aufgabe der Erinnerung; Walser-Bubis-Debatte, ebd. S. 233).
77 Martin Walser im Gespräch mit Ignatz Bubis et al., in: Walser-Bubis-Debatte, ebd. S. 449. – Das Wort ‹Seelenfrieden› lässt sich zuerst im Barock nachweisen, etwa bei Kaspar Stieler. Die deutsche Klassik macht gern Gebrauch von ihm. Vgl. dazu Jacob und Wilhelm Grimm, Das Deutsche Wörterbuch, Bd. 16/1905, Sp. 11.
78 «Ein gutes Gewissen ist keins.» (Walser, Preisrede, ebd.).

deshalb, weil es in seiner öffentlichen Praxis immer wieder heftige Kritik oder noch heftigere Ablehnung erfahren wird. Nicht dass dieses Selbstbewusstsein sich nun einer Mehrheitsmeinung anschmiegen und anmodulieren müsste; die konkrete Person handelt und wirkt öffentlich, aber ohne Rücksicht auf öffentliche Wirksamkeit. Sie treibt keine Politik, sie hält deren Treiben den Spiegel vor. Aber sie muss an Selbstzweifel und Fremdzweifel die Stimmigkeit ihrer ethischen Selbstgewissheit prüfen und gegebenenfalls neu bestimmen. Nur darin lebt sie in Frieden mit sich, nur so findet sie als Persönlichkeit zu ihrem Seelenfrieden.

IV

Walser wird häufig vorgeworfen, er vergesse die Opfer. Warnt, wer vor der Instrumentalisierung von Auschwitz warnt, nicht zuerst und zuletzt vor der Instrumentalisierung der Opfer? Was es heißt, Auschwitz nicht und für nichts zu instrumentalisieren, lässt sich nach allem oben Erörterten nunmehr geradezu kategorisch sagen: Denke, sprich, handle stets so, dass Du Auschwitz niemals als Mittel, sondern immer nur als Zweck brauchst. In seiner historischen und politischen, seiner sozial- und ideologiegeschichtlichen Bedeutung. Nicht zuletzt in derjenigen, die sich auf die Opfer von Auschwitz richtet. Dieser allgemeine Grundsatz sagt uns aber nur, wie wir mit Auschwitz nicht umgehen dürfen, nicht jedoch, wie wir mit Auschwitz umgehen sollen. Welche Form des Denkens, Sprechens, Handelns wäre denn angemessen?

Der Streit um das ‹richtige› Gedenken an die Opfer von Auschwitz will nicht verstummen. So viele Vorschläge, so viele Einwände. Wir wollen hier die Auseinandersetzung nicht um einen weiteren Beitrag verlängern; wir wollen uns an die Opfer wenden. Nicht an die zurückblickenden Überlebenden, sondern an die, die nicht davongekommen sind und wussten, dass sie nicht davonkommen würden. Auf keinen Fall. An einen von ihnen, stellvertretend für die Millionen anderen.

Salmen Gradowski wird am 5. Dezember 1942 mit seiner Familie nach Auschwitz deportiert. Am 8. Dezember werden seine Mutter, seine Schwestern, seine Frau, sein Schwiegervater und sein Schwager in der Gaskammer ermordet. Gradowski wird dem Sonderkommando zugeteilt, das die Gaskammern leeren, den ermordeten Frauen die Haare abscheren, Männern und Frauen die Goldzähne ausbrechen, die Leichen mit den Aufzügen zu den Krematorien bringen und sie dort zu Asche verbrennen muss. Einer Anordnung Himmlers zufolge hätten die Angehörigen der Sonderkommandos alle drei Monate eliminiert und durch neue ersetzt werden sollen. Der Kommandant von Auschwitz hält sich jedoch nicht an diese Weisung, weil das Fehlen gut eingearbeiteter Spezialisten das Tempo der Massenmorde verlangsamt hätte. So bleibt das Kommando, dem Gradowski angehört, bis zum Spätherbst 1944 am Leben[79], um bei der Vernichtung des tschechischen Familienlagers am 8/9. März 1944 und bei der Ermordung der ungarischen Juden von Mai bis Juli 1944 seine Arbeit tun zu müssen. Gegen Ende September 1944 mehren sich die Anzeichen, dass die SS das bestehende Sonderkommando eliminieren will. Daraufhin beginnt es einen schon länger geplanten Aufstand, in dessen Kämpfen Gradowski am 7. Oktober 1944 fällt.

Gradowski hat, was ihm geschehen ist, was er gesehen und was er erlebt hat, in zwei Handschriften festgehalten und sie auf dem Gelände von Auschwitz vergraben.[80]

---

79 Nicht ganz. Am 24. Februar 1944 beschließt die SS eine Teilselektion von 200 Angehörigen des Sonderkommandos. Gradowski ist nicht unter ihnen.
80 Sie sind vor Kurzem zum ersten Mal in deutscher Übersetzung in einer philologisch achtungsvollen und sorgfältigen, ausführlich kommentierten Edition herausgegeben worden: Salmen Gradowski, Die Zer-

«Ich schreibe, damit wenigstens ein ganz kleiner Teil der Wirklichkeit die Welt erreicht. Und dann sollst Du, Welt, Rache üben für das alles. Rache. – Das ist das einzige Ziel, das ist der einzige Zweck meines Lebens. Ich lebe hier mit dem Gedanken, mit der Hoffnung, dass vielleicht meine Schriften Dich erreichen, und wenigstens teilweise im Leben realisiert wird, was ich und wir alle, die wir noch hier sind, erstreben und was der letzte Wille der ermordeten Schwestern und Brüder meines Volkes war.»[81]

Rache. Haben die Auschwitz-Prozesse von 1947 bis 1981, von Warschau bis Frankfurt am Main diesen letzten Willen in der Form von Recht und Gerichtsbarkeit erfüllen können?[82] Bleibt nicht eine Differenz? Wenn ja, welche? Die wer wie aufheben könnte?

Der Forderung nach Rache lässt Gradowski wenige Zeilen später eine Aufforderung an den «Finder dieser Schriften»[83] folgen. Er soll sich von einem Verwandten, dessen Adresse in den USA angegeben ist,

«unser Familienbild geben lassen – und auch das von mir und meiner Frau – und diese Bilder sollst Du allen meinen gedruckten Schriften beigeben. Damit vielleicht, wer sie ansieht, eine Träne vergießt, einen Seufzer tut. Das wird für mich der größte Trost dafür sein, dass meine Mutter, mein Vater, meine Schwestern, meine Frau, meine Familie und vielleicht auch meine Brüder einfach so, ohne eine Träne von irgendwem, aus der Welt verschwunden sind […] So möchte ich jetzt – und das ist mein einziger Wunsch – dass, wenn auch ich sie nicht beweinen kann, doch wenigstens das Auge eines Fremden eine Träne für meine Liebsten vergießen soll.»[84]

    trennung. Aufzeichnungen eines Mitglieds des Sonderkommandos, aus dem Jiddischen von Almut Seiffert und Miriam Trinh, hg. von Aurélia Kalisky unter Mitarbeit von Andreas Kilian, 2. Aufl. Frankfurt/M. 2020. Ich zitiere nach dieser Ausgabe.
81   Die Zertrennung, ebd. S. 143.
82   Siehe dazu Sibylle Steinbacher, Auschwitz. Geschichte und Nachgeschichte, 4., durchges. Aufl. München 2017, S. 107–119.
83   Die Zertrennung, ebd. S. 144.
84   Ebd. S. 144 f. – Der Ausgabe ist eine Fotografie Salmen Gradowskis und seiner Frau Sonja beigegeben.

Nach allem, was er sieht und erlebt, muss Gradowski annehmen, dass Hitlers Plan, das europäische Judentum zu vernichten, gelingen wird.[85] Dass er selbst auf keinen Fall überlebt, weiß er. Es bleibt also niemand für Gedenken und Trauer übrig als der Fremde: das außereuropäische Judentum und letztendlich jeder «Mensch aus der freien, nicht in Grausamkeit eingezäunten Welt»[86]. Alle Verwandten und Bekannten, alle Freunde und Nachbarn sind tot, ermordet. Nun muss der Fremde ihre Aufgabe übernehmen.

Zu diesen Fremden zählen auch wir, die Nachgeborenen. Was erwartet Gradowski von uns, wenn wir ihn als Stellvertreter der Ermordeten nehmen? Dass wir an sie denken, als wären sie uns verwandt, als wären sie Angehörige unserer Familie. Aber wie soll das möglich werden? Genealogisch, sozial, ökonomisch, kulturell verbindet uns nichts mit ihnen. Sie sind uns ebenso fremd, wie wir es ihnen wären. Also brauchen wir eine willentlich hergestellte künstliche Verbindung zwischen uns und ihnen, ein Merkmal, einen Bedeutungsträger, einen Bericht, eine bahnende Vor-, genauer gesagt: Rückgehens-Anweisung, mit einem Wort: ein Symbol.

Was leistet ein Symbol? Das griechische Verb συμβαλλειν bedeutet ‹zusammenwerfen, sammeln, verbinden›, aber auch ‹vergleichen, vermuten, erschließen›. Das Nomen το συμβολον dementsprechend ‹Vertrag, Passwort, Losung›, aber auch ‹An-

---

85 «Er [Himmler, Vf.] ist der Überzeugung, dass wir die Judenfrage bis Ende dieses Jahres für ganz Europa lösen können. Er tritt für die radikalste und härteste Lösung ein, nämlich dafür, das Judentum mit Kind und Kegel auszurotten», notiert Goebbels am 9. Oktober 1944 in seinem Tagebuch (hier zit. nach: Saul Friedländer, Die Jahre der Vernichtung. Das Dritte Reich und die Juden, Bd. 2: 1939–1945, 2. Aufl. München 2006, S. 572).
86 Die Zertrennung, ebd. S. 74.

zeichen, Vorzeichen, Erkennungsmerkmal›.[87] Alltagskulturell meint es zuerst das Erkennungszeichen, das Gastfreunde sich teilen (etwa die zwei Hälften eines Rings), damit auch ihre Kinder und Kindeskinder die alte Gastfreundschaft wiedererkennen und wahren.[88] το συμβολον liegt also in der Mitte zweier Ereignisse, zweier Sachverhalte, die ursprünglich zusammengehören, deren Zusammenhang aber vergessen gegangen, unsichtbar geworden ist und erst mit der Gegenwart des Symbols wieder ans Licht tritt.[89] Umgekehrt kann ein Symbol einen solchen Zusammenhang durch seine eigentümliche Zeichenhaftigkeit aber auch erst stiften. Es bezeichnet dann ein Ding, ein Ereignis, ein Datum, allgemein einen Gegenstand, der für eine bestimmte Gegenwart bedeutsam ist und zugleich eine analog bestimmte Vergangenheit bedeutet. In allen Geschichten von Geschichte schläft ein Symbol. Man muss es nur wecken. Um das deutlich zu machen, gebe ich ein Beispiel. Mein Beispiel.

Ich bin am 6. April 1944 morgens gegen 9 Uhr in Bremen auf die Welt gekommen. Am Abend desselben Tages geht beim «Befehlshaber der Sicherheitspolizei und des SD im Bereich des Militärbefehlshabers in Frankreich» folgendes Fernschreiben ein:

> «In den heutigen Morgenstunden wurde das jüdische Kinderheim ‹colonie enfant› in Izieu-Ain ausgehoben. Insgesamt wurden 41 Kinder im Alter von 3 bis 13 Jahren festgenommen. Ferner gelang die Festnahme des gesamten jüdischen Personals, bestehend aus 10 Köpfen, davon 5 Frauen. Bargeld oder sonstige Vermögenswerte konnten nicht sichergestellt werden. Der Abtransport nach Drancy erfolgt am 7.4.44.»[90]

---

87 Zur Begriffsgeschichte siehe den ausführlichen Artikel von M. Seils ‹Symbol› in: Historisches Wörterbuch der Philosophie, hg. von Joachim Ritter und Karlfried Gründer, Bd. 10, Darmstadt 1998, Sp. 710–739.
88 Siehe dazu schon die Ilias, VI. Gesang, Verse 123–236.
89 ⁹ Siehe dazu schon die «Ilias», VI. Gesang, Verse 212–231. Vgl. dazu Antonios Rengakos/Bernhard Zimmermann, Hg., Homer-Handbuch, Stuttgart/Weimar 2011, S. 262 f.
90 Vgl. dazu Friedländer, Die Jahre der Vernichtung, ebd. S. 630.

Von Drancy gingen die Transporte nach Auschwitz. Dort sind alle 41 Kinder ermordet worden.[91] Während meine Mutter in den Wehen liegt, um mir das Leben zu geben, umsorgt von deutschen Hebammen und Ärzten, gehen deutsche SS- und SD-Männer daran, 41 jüdischen Kindern das Leben zu nehmen. Jedes von ihnen hätte meine Schwester oder mein Bruder werden können. Seit meiner Entdeckung des oben zitierten Fernschreibens gegen Ende der 50er-Jahre des vergangenen Jahrhunderts an einem nebligen Herbsttag in der Wuppertaler Stadtbibliothek[92] habe ich 41 tote Geschwister, deren Andenken ich bewahre.

Symbolisierung verwandelt tote Faktizität in lebendige Geschichte Das Symbol diskursiviert und konkretisiert die Ereignisse von Einst und Jetzt in eine Mitte, die beide in eine gemeinsam vergegenwärtigende Wahrnehmung aufhebt. Gesellschaftliche Erinnerungspolitik sollte sich demgemäß zunächst auf eine Geschichtswissenschaft stützen, die historische Tatsachen und Sachverhalte zu einem dichten Netz möglicher Deutungen darstellend und interpretierend verbindet, sowie ihr folgend auf eine Kulturwissenschaft, die es versteht, in dem so entworfenen Zeit-Raum und seinen Sinn-Bildern symbolisierungsfähige Schwerpunkte aufzufinden. Aufgabe der intellektuellen Eliten wäre es dann, sie aufzufassen und als personalisierbare Angebote in den politischen Diskurs ihrer Gesellschaft zu übertragen. So

---

91 «Es trat an uns die Frage heran: Wie ist es mit den Frauen und Kindern? – Ich habe mich entschlossen, auch hier eine ganz klare Lösung zu finden. Ich hielt mich nämlich nicht für berechtigt, die Männer auszurotten – sprich also, umzubringen oder umbringen zu lassen – und die Rächer in Gestalt der Kinder für unsere Söhne und Enkel groß werden zu lassen» (Heinrich Himmler in seiner Rede vor den Reichs- und Gauleitern in Posen am 6.10.1943; Bradley F. Smith/Agnes F. Peterson, Hg., Heinrich Himmler. Geheimreden 1933 bis 1945 und andere Ansprachen, München 1974, S. 169).
92 In: Léon Poljakov/Joseph Wulf, Hg., Das Dritte Reich und die Juden, Berlin 1955.

ließe sich ein Geschichtsdenken bilden, in dem auch jenes Andenken wirklich bleiben könnte, das sich Salmen Gradowski für seine ermordete Familie wünscht. Wir müssen uns bei alledem jedoch bewusst bleiben, dass man Erinnerung nicht befehlen und Gedenken nicht erzwingen kann. Jede kommende Generation erarbeitet und gestaltet sich ihr Geschichtsbild selbst. Man kann ihr Szenen und Figuren, man kann ihr Bilder und Geschichten anbieten, aber die Verantwortung, was sie wie verwendet, liegt allein bei ihr.

Machen wir, unsere Überlegungen abschließend und zugleich neu eröffnend, den nächstkommenden Generationen einen Vorschlag, wie sie diese Verantwortung wahrnehmen könnten. Die Zeitzeugen sterben aus; ihre Familien bleiben jedoch und mit ihnen die Möglichkeit, die Erinnerung an die Opfer des Holocaust am Leben zu erhalten. Lassen wir doch an den wiederkehrenden Gedenktagen Mitglieder dieser Familien öffentlich zu Wort kommen und beschreiben, wie sie sich an wen erinnern und was dieses Erinnern für sie bedeutet. Wir wissen nicht, was wie zu hören sein wird – aber gewiss keine «Lippengebete».

**

Alles in allem: Die «Paulskirche-Rede» erörtert keine Probleme, die ein deutscher Schriftsteller mit dem deutschen Judentum in Geschichte und Gegenwart hat, sondern Probleme, die die (bundes)deutsche Nachkriegsgesellschaft in Bezug auf dieses Judentum mit sich selbst hat. Mit diesem Befund gehen wir zum nächsten Walser-Antisemitismus-Skandal über. Ob sich er sich dort mutatis mutandis wiederholt?

**

Die Klinge des Saturn.
Geschichte und Gegenwart von Martin Walsers
Roman *Tod eines Kritikers*

Was ist das für ein Buch, «Tod eines Kritikers»? Eines, «das aufgrund der dort verbreiteten antisemitischen Klischees eine kalkulierte Feuilleton-Debatte auslöste»[93]. Antisemitismus, nichts als Antisemitismus.[94] So einfach ist das. Ist es so einfach?

> «Ich, Marcellus, Rex Zerreißki, / dico: Dieses Buch ist Scheißki, / Quod est simplex demonstranski / mit zähn Fingärr seiner Handski // Dieses gelbe Buch, sprach Moses, / ist ein wert- und ausdrucksloses, / sprachlich sowie substantiell / herzlich grüßt Sie Ihr Marcel.».[95]

Rühmkorf hat seinen Widerspruch gegen Reich-Ranickis Art, mit ihm nicht genehmer Literatur umzuspringen, zwar noch in

93   Stephanie Baumann, Peter Rühmkorf, Marcel Reich-Ranicki. Eine Polemik. Über Literaturkritik und mediale Öffentlichkeit in der Nachwendezeit, «Germanica» 65/2019, S. 83 f. – Dass es nicht so einfach ist, lässt sich an Alexander Krischs ausführlicher Aufarbeitung des Antisemitismusstreits um «Tod eines Kritikers» ablesen. Krisch selbst kommt schließlich nach und trotz der Vielfalt der von ihm referierten Stellungnahmen zu keinem eindeutigen Resultat; siehe dens., Martin Walser und die Shoah, ebd. S. 116–191.
94   Hier ist Gelegenheit festzuhalten: «Ich schlage vor, die [die Vokabel: Antisemitismus, Vf.] von nun an nur in Ausnahmefällen zu verwenden. Denn ihr unbedachter, ihr inflationärer Gebrauch verdunkelt gerade das, was unbedingt der Aufklärung bedarf.» (Marcel Reich-Ranicki, Das Beste, was wir sein können. Walser, Bubis, Dohnanyi und der Antisemitismus; Walser-Bubis-Debatte, ebd. S. 323) Goldene Worte.
95   Beides bezieht sich auf den Umgang Reich-Ranickis mit Günter Grass' Wenderoman «Ein weites Feld»: «Am 21.8.1995 erschien der SPIEGEL mit einem ein Buch zerreißenden Marcel Reich-Ranicki auf dem Titelblatt und einem Text von Marcel Reich-Ranicki zum neuen Roman von Grass.» (Christoph Hilse/Stephan Opitz, Hg., Marcel Reich-Ranicki/

ein Buch gefasst, das ihn anhand in dieser Hinsicht geordneter Tagebucheinträge entwickelt, aber den klaren Bruch durch eine beigefügte Freundlichkeit vermieden.[96] Die (Kinder)Verse und die Karikaturen bleiben in der Schreibtischschublade. Niemand wagt es, dem Leiter des Literaturressorts der FAZ von 1973 bis 1988 und dem Regisseur des «Literarischen Quartetts» von 1988 bis 2001 öffentlich Fehde anzusagen – nicht einmal ein so renommierter Autor wie Peter Rühmkorf, seit 1993 Träger des Georg-Büchner-Preises. Niemand? Doch. Martin Walsers Schlüssel-Roman – wir werden auf diesen Begriff zurückkommen – «Tod eines Kritikers» (2002) macht Vorgehensweise und Attitüden von Marcel Reich-Ranickis Literaturkritik kritisch zu seinem Gegenstand. Auf dem Boden der Literatur, wie er einem Großkritiker gebührt. In einer Form, die der Literatur angehört und sich nur in ihr verwirklichen lässt. Sehen wir zu, was Walser das einbringt.

Was für ein Buch hat er nach Meinung einer gewissen Fraktion des deutschen Feuilletons geschrieben? Ein gelungenes oder ein misslungenes? Ein überzeugendes oder ein abstoßendes? Ein spannendes oder ein langweiliges? «Das alles wären […] nur Kategorien für ein ‹schlechtes› oder ‹gutes› Buch. Ich aber halte Ihr Buch für ein Dokument des Hasses.» So Frank Schirrmacher in seinem offenen Brief in der «FAZ», mit dem die Debatte beginnt. Nicht dass Schirrmacher nicht wüsste, er habe es mit Literatur, mit Fiktion zu tun. «Ich bin imstande, das literarische Reden vom

---

Peter Rühmkorf. Der Briefwechsel, Göttingen 2015, S. 230) Zu Rühmkorfs Empörung über die Art, wie Reich-Ranicki mit Grass' Roman umgeht, siehe seinen Brief an ihn vom 27. August 1995 (Briefwechsel ebd., S. 229 f.) Vgl. zum ganzen Geschehen Stephanie Baumann, Peter Rühmkorf, Marcel Rech-Ranicki, eine Polemik. Über Literaturkritik und mediale Öffentlichkeit in der Nachwendezeit, ebd. S. 79–96.
96 Ich habe Lust, im weiten Feld … Betrachtungen einer abgeräumten Schachfigur, Göttingen 1996. – Neben den Tagebucheinträgen enthält das Buch auch Ausschnitte der Rede, die Rühmkorf zu Reich-Ranickis 75. Geburtstag am 4. Juni 1995 gehalten hat.

nichtliterarischen zu unterscheiden.» Aber ich will nicht. Hier und jetzt ganz und gar und durchaus nicht.[97]

Kein gutes Buch also. Aber auch kein schlechtes. Gar kein Buch. Vielmehr ein Dokument, das, er mag es wollen und wissen oder nicht, Zeugnis über seinen Autor ablegt. Für ihn oder gegen ihn. Und was bezeugt es, Schirrmacher zufolge? «Es geht hier nicht um die Ermordung des Kritikers als Kritiker […] Es geht um den Mord an einem Juden.» Hätte also Walser seinen André Ehrl-König als Kritiker ermorden, als Juden, als Person aber leben lassen (denn wer so ohne Umschweife vom Juden spricht, wie Schirrmacher es tut, muss wohl Judentum und Persönlichkeit gleichsetzen), dann wäre sein Buch möglicherweise immer noch schlecht, aber es wäre immerhin ein Buch und kein «Dokument des Hasses», in dem es gar nicht um Medienkritik, sondern um Antisemitismus geht. Walsers Text führe einen falschen, täuschenden Titel: «Tod eines Juden» müsste er lauten, und nicht «Tod eines Kritikers». Diese Meinung hat Schule gemacht. Walser zeichne «einen widerlichen Kritiker als Juden» schreibt Ruth Klüger in ihrem offenen Brief an ihn in der «Frankfurter Rundschau» vom 27. Juni 2002. «In diesem Buch spricht immer nur eine Stimme», findet Jan Philipp Reemtsma in seiner ausführlichen Besprechung vom 27. Juni 2002 in der «FAZ». Alle übrigen, den Roman figurierenden Stimmen gelten ihr gegenüber nichts, weil sie alle «von ähnlichen Affekten getragen werden, nämlich denen des Autors». Kein Erzähler, kein Erzählen, keine Figuren. Ein unfreiwilliges Zeugnis dessen, der dieses Dokument verfasst und veröffentlicht hat, ein Bekenntnis zum Antisemitismus, ein

---

97 Lothar Baier in der «WochenZeitung» vom 6. Juni 2002 zufolge begibt sich Schirrmacher damit auf ein Terrain, «auf dem bisher vor allem Metternich'sche und zaristische Zensoren oder stalinistische Staatsanwälte zuhause gewesen sind».

«antisemitischer Affektsturm». Wie Reemtsma im gleichen Zug behaupten kann, «ich spreche nota bene über den Text», über einen Text, der sich bereits auf seinem Titelblatt «Roman» nennt, in dem nota bene also nie der Autor sprechen kann, sondern nur ein von ihm geschaffener Erzähler, bleibt sein Geheimnis.[98] Nein, vielleicht nicht ganz. Denn, so Reemtsma:

> «Das, was seinem durch die Kritik verletzten und zwischenzeitlich verrückt gewordenen Hans Lach widerfährt, widerfährt Walser auf dem Papier. Er erlebt schreibend jene Dekompensation, die seiner Romanfigur von ihrem Arzt zugeschrieben wird.»

Sind wir bis jetzt, ungefähr seit Goethes Äußerungen über die «Leiden des jungen Werthers» im Verhältnis zu seinen eigenen, davon ausgegangen, dass der Autor seine Stimme aufgibt, indem er sie dem Erzähler übereignet, dass also Macht und Wirkung der epischen Rede auf ihrer Unpersönlichkeit und gerade nicht auf ihrer Personifizierbarkeit beruhen, kehrt Reemtsma dieses Verhältnis mit kühnem Griff einfach um. Während der Autor nämlich die Leidensgeschichte Hans Lachs zu Papier bringt, bringt ihn diese Geschichte plötzlich mit seiner eigenen auf dasselbe Papier, so dass sich der Roman, indem er geschrieben wird, zugleich in jenes persönliche «Dokument des Hasses» verwandelt, von dem bereits Schirrmacher spricht. Die Absicht dieses Kunstgriffs liegt darin, ausgehend von einer Figur des Romans auf dem Weg des Analogieschlusses dessen Verfasser zu pathologisieren. Reemtsma, der André Ehrl-König ohne Umschweife mit Marcel Reich-Ranicki gleichsetzt, nennt den Umgang des Buches mit seiner Hauptfigur «eine literarische Barbarei». Ist der Versuch,

---

[98] «Der Autor ist dasjenige, was der beunruhigenden Sprache der Fiktion ihre Einheiten, ihren Zusammenhang, ihre Einfügung in das Wirkliche gibt.» (Michel Foucault, Die Ordnung des Diskurses, Frankfurt/Berlin/Wien 1977, S. 20). Vgl. auch denselben, Was ist ein Autor?, in: Ders., Schriften zur Literatur, Frankfurt/Berlin/Wien 1979, S. 7–31.

einen Autor durch den Umgang mit seinem Buch für einen klinischen Fall zu erklären, keine?

Reemtsma steht mit diesem Versuch nicht allein: «Von antisemitischen Grundmustern bestimmt ist Martin Walsers Roman: aus tiefstem Grund, aus jenen Tiefenschichten des Bewusstseins, deren Unwillkürlichkeit vielleicht der Nachsicht bedarf.»[99] Vielleicht eher der Nachbehandlung, der Therapie? Auch für Schmitter steht offenbar fest, dass Martin Walser kein Buch geschrieben, sondern ein Dokument über sein innerstes Selbst vorgelegt hat, ein Dokument, das nicht bloß anzweifelbare Behauptungen und Formulierungen enthält, sondern, den Willen seines Verfassers unterlaufend, «den wohl machtvollsten Antisemitismus der an solchen Ausfällen nicht armen deutschen Geistesgeschichte»[100]. Das aber ist ein Schicksal, das uns alle treffen kann.

> «Niemand, der die europäische Kultur mit Sinnen aufgenommen hat, kann frei sein von antisemitischen Stereotypen […] Der Antisemitismus ist so tief in das meiste eingelassen, dass wir tatsächlich ständig aufgefordert sind zu prüfen: Was nehmen wir mit – und was lassen wir auf dem Müllhaufen der Geschichte?»[101]

Daraus folgt: Alle gebildeten Europäer sind Antisemiten. Je gebildeter, desto antisemitischer. Also müssen wir – je gebildeter, desto tiefer – den Müllhaufen der Geschichte ständig daraufhin durchwühlen, was wir von ihm wegtragen und was wir auf ihm liegen lassen. Nun fragt sich: Ist dieser Müllhaufen so übersichtlich und so genau geordnet, dass er den tief in ihn eingelassenen Antisemitismus ein für alle Mal kenntlich werden lässt? Trägt das Antisemitische seinen Namen für alle lesbar an der Stirn? Ist der Gegensatz zwischen dem Antisemitischen und dem Nicht-

---

99 Elke Schmitter, Der verfolgte Verfolger, «Der Spiegel» 23/2002, S. 183.
100 Ebd.
101 Ebd. S. 184.

Antisemitischen metaphysisch oder selbst historisch? Hält der Müllhaufen still oder ist er, sein Oberstes zuunterst kehrend, in ständiger Bewegung, so dass man, ihn verschiebend und als ein Teil von ihm mit ihm geschoben, sein prüfendes Urteil an der Verschiebung verschiebend überprüfen muss, immer auf der Suche nach den Kategorien, nach denen man sich dabei zu richten hat? Keine Sorge. Elke Schmitter fordert uns zu der genannten Überprüfung kategorisch auf. Sie muss also die in dieser Forderung enthaltenen Kategorien kennen und sie allgemein und notwendig anzuwenden verstehen. Sie weiß immer und jederzeit, ob wir richtig prüfen, wenn wir prüfen. Wenn wir uns irgendwo irgendwie unsicher sind, müssen wir sie bloß fragen. Sie weiß es. Ganz sicher. Und da sage noch einer, das selbst-souveräne bürgerliche Subjekt sei daran, zu verschwinden wie am Meeresufer ein Gesicht im Sand.

«Roman» steht unten links auf dem Titelblatt. Ich bin ein Buch, sagt das Buch, ein gutes oder ein schlechtes, aber in jedem Fall ein Buch und kein «Dokument des Hasses». Wie geht die Fraktion des deutschen Feuilletons, die hier in Rede steht, mit dieser Aussage um? Hören wir dazu als Ersten wieder Frank Schirrmacher, der sich ja die Fähigkeit, «das literarische Reden vom nichtliterarischen zu unterscheiden», ausdrücklich bescheinigt. Aber: «Die Burgtore des Normativen, der literarischen Tradition und Technik stehen Ihnen als Zuflucht nicht offen.» Dieses zunächst ein wenig verwirrende Bild fasst erstens literarische Tradition und Technik offenbar als Norm, als normierend im Sinn jener Regelpoetik auf, die von Renaissance und Humanismus bis in die späte Aufklärung reicht, um sich dann in Genie-Ästhetik und Universalpoesie aufzuheben. Solche normative Regelpoetik steht nun zweitens nicht nur wie eine feste Burg im wilden Meer der sie umbrausenden und umspülenden nichtliterarischen Reden, sie bietet auch Zuflucht, Schutz vor den allen Beziehungs- und Vermittlungsreichtum gefährdenden Notwendigkeiten gesellschaftlicher Diskursivität. Auch für Schirrmacher scheint «‹ästhetische Erziehung› ein angenehmer Traum» zu sein, «denn in der wirklichen Welt, worin wir leben [...], geht alles fort in concreto, und ganz unpoetisch nach dem lege continui, welches nicht den geringsten Sprung der Einbildungskraft zulässt»[102]. Also auf der einen Seite der allem politischen und moralischen Anspruch ausgesetzte Kontext der gesellschaftlichen Wirklichkeit und auf der anderen der von diesem Anspruch reine und vor ihm geschützte Text der Literatur[103]? Ist das der Begriff kunstbegründender Fiktion, wie er sich mit der Renaissance zu entwickeln beginnt?

> «Wer nachahmen will, muss darauf achten, dass das, was er schreibt, [seinem Modell] ähnlich, aber nicht identisch mit ihm wird [...], [von der Art der Ähnlichkeit] zwischen einem Sohn und seinem Vater. Obwohl sich bei diesen oft große Unterschiede zwischen den einzelnen Körpergliedern ergeben, existiert etwas Schattenhaftes [umbra quaedam] und [...] eine gewisse Ausstrahlung [aerem], [...] worauf jene Ähnlichkeit beruht, die uns an den Vater erinnert, sobald wir den Sohn sehen – obwohl alle Teile, würde man sie messen, sich als verschieden herausstellen würden. Hier waltet etwas Unbekanntes und Geheimnisvolles, dem diese Kraft innewohnt. So sollten auch wir dafür sorgen, dass, wenn etwas genau gleich ist, vieles andere ungleich sei und dass das, was gleich ist, geschickt verborgen wird, so dass die Ähnlichkeit nur durch das stille Befragen des Geistes erfasst werden kann, dass sie erkennbar, aber nicht beschreibbar sei.»[104]

Die Herkunft des Sohnes vom Vater bestätigt sich, ohne sich auszusprechen. Die Linien der Genealogie, die beide verbindet,

---

102 Friedrich Nicolai, Über das Journal *Die Horen;* hier zit. nach: Ders., ‹Kritik ist überall, zumal in Deutschland, nötig.› Satiren und Schriften zur Literatur, Leipzig/Weimar 1987, S. 334 f.
103 Vgl. dazu Martin Meyer, Das Reden der Schafe. Martin Walsers neuer Roman «Tod eines Kritikers», NZZ Vom 1./2. Juni 2002, Nr. 124, S. 6.
104 Francesco Petrarca, Brief an Giovanni Boccaccio, hier zit. nach: Ulrich Pfister, Hg., Die Kunstliteratur der italienischen Renaissance. Eine Geschichte in Quellen, Stuttgart 2002, S. 196 f.

fächern sich angesichts der Unterschiede, die sie trennen, zu etwas Schattenhaftem, einem stummen Zeichen auf, in dem sie alle Wendungen ihrer Stammesgeschichte annehmen und nichts von ihrer einfachen Kontinuität bleibt als deren bloßes Dasein.[105] Wer den Sohn sieht, wird an den Vater erinnert, ohne dass er mit Bestimmtheit sagen könnte, welchen Weg diese Erinnerung einschlägt und welche Länder sie dabei berührt. Genauso muss es Petrarcas Text zufolge auch zwischen der zu beschreibenden Realität und der sie beschreibenden Fiktion zugehen. Während das Beschreibende sich mit dem Beschriebenen zu identifizieren scheint, weicht es im Licht dieses Scheins von ihm ab, aber so, dass dieser Unterschied ohne jene fortbestehende Übereinstimmung nicht zu erkennen wäre. Identität und Differenz überlagern sich; was sich zeigt, beruht auf dem, was es verbirgt, und das Verborgene durchzeichnet das, was sich zeigt. So liegt in der Beziehung zwischen Realität und Fiktion «etwas Unbekanntes und Geheimnisvolles»: eine Ähnlichkeit, die auf Bestimmtheit drängt und sie in diesem Drängen gerade vereitelt, so dass sie «erkennbar, aber nicht beschreibbar» wird, weil jede Beschreibung sie definieren, vereinseitigen würde und ihr damit Unrecht täte.[106] Das Fiktionale begleitet und umgibt das Reale wie die Luft einer anderen Realität, in der sich das Verwirklichbare und das Unwirkliche zu eigentümlicher Ausstrahlung brechen und

---

105 Zum Gebrauch, der hier von Konzept und Struktur des Genealogischen gemacht wird, siehe näher hin Michel Foucault, Nietzsche, die Genealogie, die Historie, in: Ders., Von der Subversion des Wissens, Frankfurt 1978, S. 83–109.

106 In Petrarcas Terminologie: Die Beziehung zwischen Vater und Sohn kann vom Geist, der diese Beziehung zu denken vermag, wohl erkannt, eingesehen, wahrgenommen, aber nicht beschrieben, bestimmt, funktionalisiert werden. Die Parallele zum Verhältnis der Trinität ist nicht zu übersehen.

durchdringen.[107] Keine Rede also von rein ästhetischen, vor der gesellschaftlichen Wirklichkeit geschützten Texten, keine Spur von Zufluchten und Fluchtburgen. Wenn Politik nach wie vor die Kunst des möglich Wirklichen aus der Einsicht ins möglicherweise nicht zu Verwirklichende darstellt, dann bildet die literarische Fiktion noch immer Grundmodell und Strukturmuster politischen Handelns.[108]

Derartige Fiktionalität gestehen einige von Walsers Kritikern dem Roman, seinem Roman zu. Aber: «Kein Roman, und dieser schon gar nicht, ist nur Artefakt. Er bezieht sich immer auch auf Wirklichkeit und stellt sie her, indem er erscheint. Er ist also […] für das verantwortlich, was er in die Welt setzt.»[109] Das leuchtet auf den ersten Blick ein. Nur: Was verlangt es vom Erzähler, genauer: Was verlangt es dem Erzählen ab? In welche Welt setzt denn der Erzähler seinen Text? In die Welt der Leserinnen und Leser, die sich, um bei Petrarca zu bleiben, nicht damit begnügen können, die Überlagerung des Fiktionalen und des Realen zu erkennen, um die Ausstrahlung der ihr eigentümlichen Realität wahrzunehmen, sondern, wollen sie verstehen, was sie lesen, diese Realität beschreiben, bestimmen, definieren müssen. Interpretierend, ihren Ort, ihren Standpunkt zwischen dem Realen

---

107 «Dem, was sich darbietet, antworte ich spontan mit dem Durchspielen von Veränderungen, die ich daran vornehmen könnte […] Was doch das höchste Ziel des Romans ist – dieses ständigen *trompe l'oeil* mit Worten.» (Paul Valery, Cahiers/Hefte, hg. von Hartmut Köhler und Jürgen Schmidt-Radefeldt, Bd. 1, Frankfurt 1987, S. 354 f.).
108 Allerdings ist schon Ulrich «durch sein ganzes Leben daran gewöhnt worden, von der Politik nicht zu erwarten, dass sie vollbringe, was geschehen müsste, sondern bestenfalls das, was längst schon hätte geschehen sein sollen. Das Bild, unter dem sie sich ihm darbot, war meistens das einer verbrecherischen Nachlässigkeit.» (Robert Musil, Der Mann ohne Eigenschaften; Ges. Werke, hg. von Adolf Frise, Hamburg 1978, Bd. 4, S. 1456).
109 Ulrich Greiner in der «ZEIT» Nr. 24, Juni 2002.

und dem Fiktionalen aussprechend, sollen und müssen sie dem Text jenes vereinseitigende Unrecht tun, das er als sein Recht von ihnen fordert und das sie im (Streit)Gespräch über ihn ebenso verlängern wie tilgen. Übernähme er nun die Verantwortung für das, was er in die Welt setzt, müsste er in die Überlagerung des Fiktionalen und des Realen zugleich deren Definition setzen und sich damit selbst jenes Unrecht tun, dessen Entfaltung und Bereinigung seinen Leserinnen und Lesern vorbehalten bleibt. Interpretierte er sich selbst, normierte er im Erzählen sein Erzählen, gäbe er seine eigentümliche Ästhetik und damit sich als Artefakt preis. Wenn, wie Ingo Arend in seiner sorgfältig differenzierenden Kritik meint, «in der äußersten Überdehnung seines Fiktionsmaterials auf das wahre Leben hin […] die gefährliche Kraft dieses Buches» liegt[110], dann nutzt Walsers Roman nur die gefährliche Kraft der Literatur überhaupt, die das wahre Leben ebenso sehr auf die Fiktion wie die Fiktion auf das wahre Leben hin bis zum äußersten spannt und überdehnt.[111]

«Tod eines Kritikers» steht schräg rechts unten auf dem Titelblatt (und nicht: Tod eines Juden). Der Roman muss also wohl in irgendeiner Weise mit Medien, Medialität, Medienkritik zu schaffen haben.[112] Wie geht die Fraktion des deutschsprachigen Feuilletons, die hier in Rede steht, mit diesem Sachverhalt um?

---

110 «Freitag» vom 14. Juni 2002.
111 Arend beschreibt eben diesen Sachverhalt, wenn er fortfährt: «Literatur ist nicht nur, was geschrieben wird, Literatur ist auch, wie sie gelesen wird. Man hat bürgerlichen Politikern vorgehalten, mit Vokabeln von der ‹durchrassten› Gesellschaft die Denkfiguren der Alt- und Neurechten rhetorisch zu legitimieren.» Der Erzähler ist kein Politiker, so sehr das Erzählen auch die transzendentale Bedingung aller Politik, aller politischen Diskursivität ausmacht. Es hat keine Standpunkte. Es ermöglicht sie.
112 «Machtausübung im Kulturbetrieb» sei das Thema seines Romans, sagt Martin Walser selbst in einem Interview. Siehe «Spiegel» 23/2002, S. 187.

Wenig, fast gar nicht. Für die meisten erschöpft sich die Kritik in der Ähnlichkeit zwischen AEK und MRR und der Frage, wie enthüllend, entlarvend, verzerrend, verletzend sie ausgefallen sei. Dass wir uns zu Tode amüsieren, wissen wir dank Neil Postman seit geraumer Zeit, und wie wir das vor dem Bildschirm tun, hat Eckhard Henscheid in seinem schrecklich schönen Fernseh-Roman *Beim Fressen, beim Fernsehen fällt der Vater dem Kartoffel aus dem Maul* (Frankfurt 1981) erschöpfend (im doppelten Sinn) beschrieben. Dennoch: Geht es in Walsers Buch um «die Medien» und nicht vielmehr um ein ganz bestimmtes Medium, um das Fernsehen nämlich? Beabsichtigt der Roman also gar nicht Medienkritik, sondern einzig und ausschließlich TV-Kritik? Und last but not least: Wie übt ein Roman Kritik? Kann das ein fiktionaler Text, ohne sich zu verleugnen? Wir werden auf diese Fragen zurückkommen müssen.

Das Fazit des feuilletonistischen Rundum(an)schlags auf Walsers Roman zieht Matthias N. Lorenz mit seinem «Versuch, das Werk Martin Walsers als Beispiel für literarischen Antisemitismus zu lesen und hierüber einen breit angelegten Nachweis zu führen»[113]. Will sagen: Der Versuch, ein allgemeines Vorurteil am literarischen Gesamtwerk bestätigt zu finden, ein Versuch, der zu gelingen pflegt, weil Vorurteile gegen kritische Urteile unempfindlich sind.[114] Lorenz verarbeitet lesend ein beachtliches Textkorpus, aber er versteht nicht, was er liest, weil er stets nur sein Vorurteil bestätigt findet und keinerlei Sinn für den Eigensinn des Gelesenen entwickelt. Walser ist für ihn ein Nationalist, der, getreu dem Nation-Begriff des 19. Jahrhunderts, am Auf-

---

113 «Auschwitz drängt uns auf einen Fleck». Judendarstellung und Auschwitzdiskurs bei Martin Walser, Stuttgart/Weimar 2005, S. 483.
114 Soignierter ausgedrückt: «Die Konzentration auf die Methode führt […] dazu, das die Sache selbst […] nicht mehr begriffen werden kann» (Theodor W. Adorno, Philosophische Elemente einer Theorie der Gesellschaft, Frankfurt/M. 2023, S. 175).

bau eines deutschen Nationalbewusstseins arbeitet, das für die Konstitution seines ‹Wir› ein konträres ‹Sie› braucht: den Juden. Sein vorurteilsschwerer Eifer führt ihn schließlich zu folgender Behauptung:

> «Der Ort der Konfrontation mit Juden, die politische Öffentlichkeit, gilt als Sphäre des Meinungsstreits, der Gruppendiversität, der Besitzkonkurrenz etc. – in der nationalistischen Auffassung wird sie daher als eher minderwertig im Vergleich zum Konstrukt einer homogenen *Volksgemeinschaft* aufgefasst […] Die *Gesellschaft* wird als Anschlag gegen das Ausgleichende, Harmonisierende des Volks begriffen, ‹der Jude› gilt als exemplarischer Vertreter dieser Bedrohung, die verkörpert wird durch Medien, Finanzwirtschaft, Handel, Intellektualität, politische Parteien […] Dies trifft wohl auch auf Walser zu.»[115]

Heißt das nicht: Martin Walser ist im Grunde seines Herzens Nationalsozialist?[116]

**

Während ich mir das Buch vergegenwärtigt habe, das die Fraktion des deutschen Feuilletons, von der bisher die Rede gewesen ist, anscheinend gelesen hat, bin ich je länger je stärker an das Buch erinnert worden, das ich meine gelesen zu haben.[117] Viel-

---

115 Lorenz ebd. S. 491 (Kursivierung von mir, Vf.). – Während das Feuilleton sich von Lorenz' Unbeirrbarkeit hier und dort beeindruckt zeigt, lehnt die Literaturwissenschaft das Buch überwiegend ab. Am härtesten wohl Dieter Borchmeyer, der von «im Gehalt denunziatorischer […] Pranger-Philologie» spricht. Vgl. dazu https://www.perlentaucher.de/buch/matthias-n-lorenz/auchwitz-draengt-uns-auf-einen-fleck.html. Zugriff vom 7. Mai 2024.
116 Daniel Hofer sieht Lorenz als jemanden, «der sich in seiner Dissertation akribisch auf eine Diffamierung Walsers als Produzent eines literarischen Antisemitismus konzentriert» (Hofer, Literaturskandal, ebd. S. 44).
117 «Der vorliegende Sammelband hat es sich zur Aufgabe gesetzt, den vielfach denunziatorischen Lesarten des Romans, welche seinen Perspektivismus verkennen, die Genauigkeit philologischer Lektüre ent-

leicht wirft der Unterschied einiges Licht auf den Roman, den beide Bücher erzählen.

Die Story ist so bekannt, von der Literaturkritik so oft wiederholt worden, dass sie hier nicht noch einmal nacherzählt werden muss. Aber wer erzählt sie denn eigentlich im Roman? Michael Landolf, der Ich-Erzähler? Er versucht es, aber der Versuch scheitert schon im Ansatz, weil alle, die von diesem Versuch erfahren, ihm durch eigenes Erzählen zuvorkommen. Wer auch immer AEK irgendwie, von irgendwoher kennt, muss sein Wissen, seine Erfahrungen, seine Empfindungen zur Erzählung, zu einem Erzähler bringen, der sich im Verlauf des Romans nolens volens in einen Sekretär, einen Protokollführer, einen Chronisten verwandelt. AEK verschwindet schon ganz zu Anfang nicht nur aus dem Hof der Verleger-Villa, er verschwindet zugleich als eigenständige Figur aus der Erzählung, in der er bis zum Schluss nur im Erzählen anderer und eines anderen Mediums anwesend sein wird. Zugleich jedoch ist niemand allen Figuren des Romans so gegenwärtig wie er. Was ihnen auch geschieht, was immer sie denken und empfinden, tun und erleiden, steht in Beziehung zu ihm, ist in irgendeiner Form von ihm abhängig und macht sie von ihm abhängig. Andre Ehrl-König zieht sich durch die Wirklichkeit des Romans wie ein Nebelstreif, wie ein Spuk, den alle durchschauen, dessen Macht alle aber dennoch anerkennen und fürchten.

Wie nun ist dieses Erzählen in Figurenreden organisiert? Welche Ordnung befolgt es in Absicht auf welche Sinnform? Nach welchen Regeln und mit welchen Mitteln? AEK ist zweifellos auf MRR gemünzt und von ihm inspiriert. Wenn also *Tod*

gegenzusetzen» (Dieter Borchmeyer/Helmut Kiesel, Hg., Der Ernstfall. Martin Walsers «Tod eines Kritikers», Hamburg 2003; aus dem Vorwort der Herausgeber, S. 22). Dieser Aufgabe schließt sich auch unsere Untersuchung an.

eines Kritikers ein Schlüsselroman ist – was schließt der Schlüssel auf? Durch welche Drehungen in welchem Schloss? Welches Verhältnis des Fiktionalen und des Realen liegt der Beziehung zwischen AEK und MRR im Besonderen und dem Romangeschehen im Allgemeinen zugrunde?

Michael Landolf, der Ich-Erzähler, schreibt an einem Buch: *Von Seuse zu Nietzsche*. Inhalt:

> «In die deutsche Sprache kommt der persönliche Ton nicht erst durch Goethe [...], sondern schon durch Seuse, Eckhart und Böhme. Weil das bürgerlich Geschriebene unsere Erlebnis- und Fassungskraft besetzt hat, haben wir, das Publikum, nicht wahrnehmen können, dass die Mystiker ihre Ichwichtigkeit schon so deftig [Deftig? So ein Wort würde Meister Eckhart nicht einmal denken, geschweige denn schreiben (Anm. des Vf.)] erlebt haben wie Goethe und wie nach ihm Nietzsche. Nur waren sie glücklich und unglücklich nicht mit Mädchen und Frauen, sondern mit Gott [...] Ich muss das erwähnen, weil durch mein sonstiges Schreiben gefärbt sein kann, was ich mitteile über meinen Freund Hans Lach. Beide, Hans Lach und ich, sind Schreibende.»[118] –

Schreibende, wie sie unterschiedlicher nicht sein könnten:

«Er, immer mitten im schrillen Schreibgeschehen, vom nichts auslassenden Roman bis zum atemlosen Statement, ich immer im funkelndsten Abseits der Welt. Mystik, Kabbala, Alchemie.» (S. 12) Während das erzählende Ich einer Vergangenheit nachspürt, die nur als sich verbergende gegenwärtig wird, lebt das Ich, von dem es erzählt, in einer Gegenwart, deren Aktualität es zu verkörpern und zu übertreffen versucht. Serenus Zeitblom und Adrian Leverkühn lassen grüßen. Aber zu Beginn des letzten Teils, kurz nach der Landung mit Julia auf der Insel, notiert Hans Lach:

> «Die Versuchung, unter dem Namen Michael Landolf weiterzuschreiben, war groß [...] Durch das, was mir passiert war oder was ich

---

118 Martin Walser, Tod eines Kritikers, 1. Aufl. Frankfurt 2002, S. 9. – Zitate künftig mit Seitenangabe im Text.

mir geleistet hatte, war in mir ein Bedürfnis gewachsen, aus meinem Namen auszuwandern wie aus einer verwüsteten Stadt [...] Michael Landolf, ich danke dir dafür, dass du mir Unterschlupf gewährt hast. Und ziehe aus. Scheinbewegungen sind das. Erzähler und Erzählter sind eins. Sowieso und immer. Und wenn der eine sich vermummen muss, um sagen zu können, wie der andere sich schämt, dann ist das nichts als das gewöhnliche Ermöglichungstheater, dessen jede menschliche Äußerung bedarf.»[119]

Das erlebende Ich hat sich also ein erzählendes Ich geschaffen, das ihm ermöglicht, zu sich von sich selbst zu sprechen, sich einen Sprach-Bühnen-Raum zu schaffen, in dem es seine Geschichte vorstellen und aufführen kann. Je größer der Abstand zum erzählenden Ich, desto weiter der Raum, in dem das erlebende sich entfalten kann. Die im maßlosen Gewicht Gottes sich aufhebende «Ichwichtigkeit» der Mystiker und die sich ebenso maßlos selbst gewichtende «Ichwichtigkeit» Nietzsches sind nur gegensätzliche Momente ein und desselben Ichs, dem es um nichts mehr und nichts anderes als seine Selbst-Inszenierung geht (vgl. dazu S. 213 ff.) Sollten Landolf/Lach[120] auf der

---

119 S. 187 f. – Auch diese Erzählfigur hat in der Geschichte des deutschen Romans ihr bedenkenswertes Vorbild: «Man hat [...] gesagt, ich hätte mich in dem Werk [dem «Dr. Faustus», Vf.] zweigeteilt und der Erzähler sowohl wie der Held hätten etwas von mir. Auch daran ist etwas Wahres – obgleich [...] ich nicht an Paralyse leide» (Thomas Mann am 10. Dezember 1948 in einem Brief an die «Saturday Review of Literature»; hier zit. nach: Ges. Werke in 13 Bdn, 2. Auflage Frankfurt 1974, Bd. XI, S. 685).

120 Auf die Wichtigkeit des identifizierenden Anlauts für sein Erzählen weist der Erzähler ausdrücklich hin: «Ich hab mein Lehen, und ich hab Lydia. Was doch die Anlaute nicht vermögen! Hieße seine Frau Karin, hätte er gesagt: [...] Ich hab Karin und hab mein Konto. Zu Glück hat er Lydia.» (S. 58) Zum Glück, weil der Schriftsteller Bernt Streiff, von dem hier die Rede ist, damit zugleich einen berühmten literarischen Text zu Lehen nehmen kann: «Ich han min lehen, al die werlt, ich han min lehen», dankt Walther von der Vogelweide 1220 Kaiser Friedrich II. für seine ‹milte›, seine Großzügigkeit, die dem Dichter, wie

einen und Andre Ehrl-König auf der anderen Seite Verwandte im Geist ein und derselben Subjektivität sein? Wenn aber Michael Landolf eine Erfindung Hans Lachs ist, dann ist auch alles, was diese Erfindung berichtet, ebenso erfunden; dann hat der Erzähler des Romans eine Figur geschaffen, die diese Schöpfung als Fiktion in der Fiktion wiederholt, so dass die Wirklichkeit des Romans sich in eine Möglichkeit verwandelt, die keinen anderen Wirklichkeitsbezug hat als den der sie verantwortenden Figur. Was erzählt mir Hans Lach: eine Novelle, ein Trauma-Protokoll, einen Traum oder alles drei gleichzeitig? Wie auch immer: In Wirklichkeit geschieht nichts, ist auch AEK nichts geschehen. Der Roman erzählt, trotz und gerade wegen seiner zahlreichen Realitätsverweise, nur, was hätte geschehen können, was jederzeit geschehen könnte. Und er erzählt sich auf die Wahrnehmung solchen Erzählens hin, weshalb der Roman mit demselben Satz endet, mit dem er beginnt, eine zweite, sich berichtigende Lektüre unter den von ihm hergestellten Bedingungen fordernd, die nun sichtbar machen, welche Sinnform die Erzählstruktur beherrscht und welchen Wirklichkeitswert die ihr eingepflanzten Realitätsverweise haben.

Der erste Text, den Lach an Landolf schickt, trägt den Titel «Versuch über Größe». Er beginnt jedoch mit etwas völlig anderem.

> «Zuerst das Geständnis, dass Denken mir nichts bringt. Ich bin auf Erfahrung angewiesen. Leider. Erfahren geht ja viel langsamer als Denken. Denken geht leicht [...] Denken ist großartig. Durch Denken wird man Herr über Bedingungen, unter denen man sonst litte. All das ist Erfahren nicht. Nach meiner Erfahrung, der ich neuestens bis zur Unerträglichkeit ausgesetzt bin.» (S. 21)

er hofft, nun ein sorgenfreies Leben ermöglichen wird. Das Verfahren hat also selbst literarische Tradition.

Ich ergänze: Erfahren geht schwer. Erfahren ist kleinartig und macht kleinmütig. Durch Erfahren wird man Knecht aller Bedingungen, unter denen man leiden könnte. Meint Hans Lach eine besondere Erfahrung?

> «Immer öfter merke ich, dass Menschen, mit denen ich spreche, während wir miteinander sprechen, größer werden. Ich könnte auch sagen: Ich werde, während wir sprechen, kleiner. Das ist eine peinliche Erfahrung. Und am peinlichsten, wenn das öffentlich vor sich geht.» (Ebd.)

Hans Lach redet von Größe im übertragenen Sinn: von Bedeutung, von Macht, von Einfluss. Er könnte sich denken, dass er hier ein Erlebnis in ein Bild fasst, das Bild in seinen Begriff bringen – den der Konkurrenz beispielsweise – und auf diese Weise Herr über die Bedingungen des Erlebnisses werden. Aber das bringt ihm nichts, schreibt er. Er ist auf Erfahrung angewiesen. Und was bringt ihm die schließlich?

> «Ich sitze zu Hause an meinem Arbeitstisch, und wenn ich aufstehen will, reichen meine Füße nicht mehr auf den Teppich hinab [...] Nachts regeneriere ich mich. Jeden Morgen, wenn ich aufwache, habe ich wieder meine alte Größe. Bis jetzt [...] Nicht jeder Schlaf bringt gleich viel Regeneration [...] Wenn mir abends öfter mal zehn Zentimeter fehlen, fehlen mir nach nicht ganz störungsfreiem Schlaf doch noch zwei oder drei Zentimeter. Ich habe von Schuhen gehört, die so geschaffen sind, dass man in ihnen zwei bis drei Zentimeter größer ist, und man erkennt von außen nicht, dass es sich um eine Schuhkonstruktion handelt.» (S. 22)

Erfahrung, die den Ausweg des Denkens nicht geht, führt ihr Subjekt auf die Realität des Bildes zurück, in dem sie erscheint, auf dessen wortwörtliche, materielle Bedeutung, wie sie sich zuletzt am Körper ein- und abzeichnet. Solche Erfahrung kann man nur erleiden, nicht begreifen, weil sie tiefer und enger greift als die großartige Souveränität des sich vermittelnden, arrangierenden, konstruierenden Denkens, weil sie sich ihr Subjekt im Sinne des Wortes unterordnet und unterwirft. «Ich werde dieser Erfahrung mit Aufzeichnungen folgen, sie dadurch anschaubar und vielleicht sogar überwindbar machen.» (Ebd.)

Folgen nun, die eben beschriebene Erfahrung betreffend, tatsächlich weitere Aufzeichnungen? Wird sie «anschaubar und vielleicht sogar überwindbar» gemacht? Die Schuhe, von denen Hans Lach gehört hat, trägt, wie Michael Landolf am Telefon von Professor Silbenfuchs erfährt, tatsächlich jemand: AEK. Sein bestgehütetes Geheimnis, wie der Erzähler vom KHK Wedekind hört, der ihm das Mordgeständnis der Madame berichtet.

> «Am meisten habe ihn beeindruckt, dass sie sich von ihrem Mann bedroht fühlte. Sie habe einmal im Scherz gesagt, sie werde das Geheimnis seiner Schuhe der Presse verraten. Er habe seine Schuhe immer in Antwerpen produzieren lassen, die seien innen so gestaltet, dass er in diesen Schuhen zweieinhalb Zentimeter größer gewesen sei als in Wirklichkeit. Der Antwerpener Schuhmacher arbeitet hauptsächlich für Politiker und Gangster. Aber inzwischen sei dieses Geheimnis leider schon durch die RHH-Sippe verplaudert worden.» (S. 173)

Stimmt. Und dass ausgerechnet sein Mentor Rainer Heiner Henkel (sprich: Walter Jens) dahintersteckt, trifft AEK tief. So tief, dass er sich Hans Lach, dessen Buch er später in der Kameraluft zerreißen wird, zutiefst menschlich anvertraut, so tief, dass der in AEK einen Bruder im Geiste, einen künftigen Freund zu sehen beginnt. «Hans Lach hat es offenbar für möglich gehalten, dass er eine Art RHH-Nachfolge antreten könne», vermutet Professor Silbenfuchs am Telefon (S. 96). Hans Lach irrt sich, wie er bald erfahren wird. Er meint, AEK trage die größer machenden Schuhe infolge derselben Erfahrung, die er gemacht hat, reagiere auf das Leid, das der Umschlag des Metaphorischen ins Reale verursacht, suche diesem Leid zu begegnen und diese Gegenwehr zu verbergen. Für AEK hingegen garantieren das Reale und das Metaphorische einander, jedes bringt in der Show, in der und durch die AEK existiert, das andere unmittelbar zur Erscheinung. Alle Bedeutung ist augenblicklich jetzt und darin augenblicklich erschöpft. «Pleasure now, das ist Ehrl-König. Instant pleasure.» (S. 69) So Julia Pelz-Pilgrim zu Michael Landolf. Das Reale ist das Metaphorische. Das Metaphorische ist das Reale. AEK befolgt dieses rein reversible, kategorische Urteil, indem er sich in der unmittelbaren Doppeldeutigkeit dieses ‹Ist› ansiedelt, scheinbar Erfahrung machend, während er Erfahrung zum Schein macht. Hans Lach findet dafür ahnungslos, wider sein ihm bewusstes Verständnis den richtigen Begriff: «Existenz-Geschmeidigkeit.» (S. 97)

Macht diese Aufzeichnung Erfahrung, wie Hans Lach sie versteht, «anschaubar und vielleicht sogar überwindbar» (S. 22)? Anschaubar ja, weil sie bis in ihr Gegenteil verzeichnet und dadurch in ihrer Kontur scharf ausgeleuchtet wird. Überwindbar nein, weil sie sich in ihrer Verkehrung in ihr Gegenteil unmittelbar als ihr Gegensatz gegenübertritt und so in ihrer Verdoppelung unüberwindlich wird. Diese Form der Reflexion, die sich in Gegensätze hinein- und an ihnen so abarbeitet, dass sie, zunächst überwindbar erscheinend, im Licht dieses Scheins unüberwindlich werden, beherrscht, wenn ich recht sehe, Grundriss und Aufbau des ganzen Buches. Der Widerspruch zwischen Denken und Erfahrung wird Gegenstand eines beschreibenden Bedenkens, das von einem Pol des jeweiligen Antagonismus zu seinem anderen hinüberlenkt und hinüberreicht, häufig als «durch Bedeutungsveränderungen schwierige Wortkombination, die Eines sagt, ein Anderes meint und wie alle Tropen einen Gedankensprung erfordert, […] eine Art Vergleich oder Gegensatz zwischen dem allegorisch Bedeutenden und Bedeuteten»[121]. Ich gebe ein Beispiel.

---

121 W. Freytag, Artikel ‹Allegorie, Allegorese› in: Gert Ueding, Hg., Historisches Wörterbuch der Rhetorik, Bd. 1, Darmstadt 1992, S. 330 f. – Der Reiz der Allegorie liegt in ihrer Künstlichkeit, in den unerwarteten, überraschenden, ganz und gar unnatürlichen Figuren, die sich aus den Sprüngen bilden, die sie macht. Wird Walsers Erzähler diesem An-

Hans Lach habe, erfährt Michael Landolf aus der FAZ, beim Verlassen der Verleger-Villa ausgerufen: «Ab heute nacht Null Uhr wird zurückgeschlagen.» (S. 10) Diesen Satz hat Professor Silbenfuchs nicht gehört (vgl. S. 48); das hindert die Presse aber nicht daran, ihn weiterzuverbreiten, Fazit: «Hans Lach hatte seine Tat in der Tatnacht in der PILGRIM-Villa in einem an Hitler erinnernden Jargon angekündigt. *Ab heute nacht Null Uhr wird zurückgeschlagen.*» (S. 144) Der Kursivdruck im Original insinuiert, es handle sich um ein wörtliches Hitler-Zitat. Das ist nicht der Fall. Hitler hat den Zweiten Weltkrieg mit den Worten eröffnet: «Ab heute früh 4.45 Uhr wird zurückgeschossen.» Geschossen wird nun auch im *Tod eines Kritikers*. Aber an einer ganz anderen Stelle und in einem ganz anderen Zusammenhang. Mani Mani, den Hans Lach in der psychiatrischen Klinik kennen lernt und dem er schriftstellerisches Genie bescheinigt, leitet zwei von drei seiner Gedanken mit der Wendung «Schießt es mir durch den Kopf» ein. Eine Metapher, gewiss. Höre ich sie aber zum elften oder zwölften Mal, hat die Wiederholung den ursprünglichen Wortsinn in den Vordergrund gespielt, den vermittelnden Denkprozess der Übertragung auf die ihn fundierende Unmittelbarkeit einer Erfahrung zurückgelenkt. Schießen die Gedanken Mani Mani vielleicht tatsächlich durch den Kopf wie Kugeln? So gewaltsam, so zerstörerisch, dass ihn sein eigenes Denken in die Anstalt gebracht hat und ihn, je mehr er über sich und seine Welt nachdenkt, desto länger und sicherer dort festhalten wird? Ist diese Erfahrung des Denkens vielleicht typisch für das Denken von jemandem, der schreibt wie Hans Lach, der also «auf Erfahrung angewiesen» ist, auch und gerade auf die Er-

spruch gerecht? Ganz gewiss dort nicht, wo er das Allegorische zum Wortwitz, zur Anspielung verkümmert, vor allem bei den Namen, die er erfindet: KHK Wedekind, Julia Pelz, Olga Redlich, Bernt Streiff usf. Sapienti sat – aber was weiter?

fahrung des Denkens, um ihr «mit Aufzeichnungen zu folgen»? Trifft folglich das unbeglaubigte FAZ-Zitat – «*Ab heute nacht Null Uhr wird zurückgeschlagen*» – nicht insofern doch zu, als es die Denk- und Schreibweise seines angeblichen Urhebers richtig trifft? Der, erschrocken über den Intertext, in den er mit der realsinnigen Variante seines metaphorischen Satzes gerät, ihn vor dem Aussprechen in einer Weise umformuliert, die den Intertext zwar vermeidet, den Doppelsinn realer und metaphorischer Bedeutung aber nicht beseitigt? Hans Lach soll gegen AEK tätlich geworden sein. Mani Mani ist in Haar wegen Körperverletzung interniert. Führt die Konsequenz der eben beschriebenen Erfahrung des Denkens zu realer Gewaltanwendung gegen sich und andere oder ist sie doch zugleich schon im Metaphorischen angekommen und zuhause?

Das hier angewendete allegorische Verfahren vermittelt, scheint mir, nicht zwischen dem von ihm jeweils herangezogenen Gegensatz. Es stellt dessen Pole vielmehr so gegeneinander, dass sie einander berufen, supponierend und verschiebend, einander spiegelnd und in der Spiegelung verändernd – eine der Dialektik abgesehene Gegenfigur, einen dritten Weg zwischen Vermittlung und Unmittelbarkeit suchend, um «Dinge und Gedanken, die als unvereinbar gelten, neben einander zu bewegen[122]».

Gilt dieses Verfahren nun vielleicht nicht nur für das Verhältnis der Figuren des Romans und ihrer Reden zueinander, sondern letztendlich für dessen Erzählen selbst, für die Konstellation von Möglichkeit und Wirklichkeit, die er wählt und befolgt? Klärt es über die Art und Weise auf, in der er chiffriert und in der seine Chiffren entziffert werden sollen?

---

122 Walter Benjamin an Gretel Adorno Anfang Juni 1934; Gesammelte Schriften, Bd. II/3, Frankfurt 1977, S. 1369.

Dass *Tod eines Kritikers* ein Schlüsselroman sei, daran haben seine Kritikerinnen und Kritiker für gewöhnlich keinen Zweifel.[123] Unter einem Schlüsselroman wird im Allgemeinen ein fiktionaler Text verstanden, dessen Figuren, mindestens dessen Hauptfigur eine Entsprechung in der realen gesellschaftlichen Welt der Vergangenheit oder der Gegenwart hat. Die Charakteristika der Figur entstammen in Form und Zusammenhang zwar ganz und gar dem Erzählen, verweisen aber inhaltlich auf eine bestimmte Wirklichkeit und sind so gesetzt, dass man ihren Verweisen mit mehr oder minder großer Mühe folgen und die Figur aus der Fiktionalität in die Realität überführen kann. Die inhaltlichen Verweise machen nicht den gesamten Charakter der Hauptfigur aus. Sie verbinden sich mit dessen Fiktionalität in einer Weise, die sie sowohl verdeckt als auch betont und ihnen damit einen von der Fiktion bestimmten Sinn, eine eigentümliche Wertung vermittelt: «Niemand ist exakt wiederzuerkennen – aber viele konkrete Einzelheiten lassen sich sehr wohl auf lebende Figuren beziehen.» (Joachim Kaiser in der «Süddeutschen Zeitung») Genau daran kann man auch Anstoß nehmen: «Innerhalb eines Romans ist alles erlaubt. Aber im Verhältnis des Romans zu seinen Lesern ist nicht alles erlaubt, schon gar nicht, wenn der Roman als Schlüsselroman auftritt und konkrete Personen attackiert.»[124] Denn: «Es gehört zu den eigentümlichen Leseerfahrungen mit diesem Schlüsselroman, dass er einen dazu bringt, selbst die ins Aberwitzige verschobenen Passagen mit dem Verdacht zu betrachten, an ihnen könnte ein Gran Wahrheit sein. Hier ist gleichsam alles Schlüssel – und nichts mehr Roman.»[125] Und das ist zu schlimmer Letzt eigentlich unsittlich:

123 Vgl. dazu Krisch, Martin Walser und die Shoah, ebd. S. 89–102.
124 Ulrich Greiner, Walser, der Spezialist des Undeutlichen, in: «Die Zeit» Nr. 24 vom Juni 2002, S. 39.
125 Joachim Güntner, Verschärfter Vorwurf. Marcel Reich-Ranicki legt nach, «NZZ» vom Nr. 160 vom 13./14. Juli 2002, S. 57.

«Martin Walsers ‹Tod eines Kritikers› ist zunächst ein schlichter Schlüsselroman [...] Er zielte auf das Vergnügen des Erkennens ab, die Lüste des Voyeurs. So funktioniert ein Schlüsselroman.»[126]

Lässt sich Walsers Roman auf diese Disposition des Erzählens ausdrücklich ein? Spricht er sie an? Nimmt er Stellung?

Dreimal in beinahe demselben Satz. Zum ersten Mal sagt ihn Julia Pelz-Pilgrim, die Verlegersgattin, in ihrem ersten Gespräch mit Michael Landolf über die Frage, ob Hans Lach nun AEK ermordet hat oder nicht: «Eine Figur, deren Tod man für vollkommen gerechtfertigt hält, das wäre Realismus.» (S. 75) Eine Figur. Wir nehmen an: die Figur. Die Hauptfigur eines Schlüsselromans. Würde diese Figur so erzählt, dass man als Lesende(r) ihren Tod für vollkommen gerechtfertigt hielte, das wäre Realismus. Gelänge es dem fingierenden Erzählen, eine Figur ihrer reinen Möglichkeit nach so zu entwerfen, dass die Hinweise, die sie mit der geschichtlich-gesellschaftlichen Realität vermitteln, ihre Auslöschung rechtfertigen, dann wäre es endgültig und vollständig realistisch geworden. Die betreffende Figur könnte ihr Lebensrecht nur in einer möglichen, sich durch liquide Bestimmungen entwerfenden Welt dartun, verlöre es aber sogleich mit dem Übertritt in eine Welt realer, objektiv festsetzender Bestimmtheit, in der sich das Einzelne mit dem Allgemeinen, das Individuelle mit dem Gesellschaftlichen vermitteln und in der Vermittlung rechtfertigen muss. Das mit dem Tod zu ahndende Verbrechen der Figur bestände schlicht darin, dass sie Figur ist, Einzelheit, die sich im Allgemeinen gegen es behauptet und darin das Gesetz ihres Daseins verletzt. Die absolute Arbeit, so Hegel in seinem ersten philosophischen System, sei allein der Tod, weil er die bestimmte Einzelheit aufhebe.[127] Damit aber wird das Reale

---

126 Elke Schmitter, Der verfolgte Verfolger, «Der Spiegel» 23/2002, S. 182.
127 Siehe dazu Karl Rosenkranz, Hegels Leben, Berlin 1844, S. 132.

selbst zum bloßen Schein, zu nur angeblicher, weil verschwindender Realität, und der Schein des Fiktionalen das wirklich Reale. Ein Erzählen, das diesen Umschlag zuwege brächte, wäre tatsächlich Realismus.

Wie real, wie objektiv ist nun aber der Satz selbst, von dem wir ausgegangen sind, im Kontext des Romans und seines Erzählens? An der von uns zitierten Stelle spricht ihn, wie gesagt, Julia Pelz-Pilgrim, Verlegersgattin und wohl schärfste Kritikerin dessen, was AEK so lebt und webt. Der Satz stammt aber nicht von ihr, sondern von Hans Lach, wie sie selbst festhält, und sie verwendet ihn im Gespräch mit Michael Landolf, dem, wie wir inzwischen wissen, erzählenden Ich, das Hans Lach im Roman für sich geschaffen hat. Genau genommen hören wir einem verfremdeten Selbstgespräch der Gegenfigur zur Hauptfigur zu. Ist das Realismus? Oder nicht vielmehr sich selbst verdoppelnde und darin objektivierende Fiktion?

Zum zweiten Mal sagt ihn der Schriftsteller Bernt Streiff, auch ein Opfer AEKs: «Eine Figur, deren Tod man für vollkommen gerechtfertigt hält, das wäre Realismus.» (S. 87) Und fügt hinzu: «Der Satz ist richtig, kann ich sagen, als Satz in der Kunstwelt. In Wirklichkeit, unanwendbar.» (Ebd.) Und verbessert ihn: «Eine Figur, deren Tod man sowohl für vollkommen gerechtfertigt wie auch für überhaupt nicht gerechtfertigt hält, das wäre Realismus.» (S. 88)

In Wirklichkeit? In welcher Wirklichkeit? In derjenigen, die jenseits der Kunstwelt liegt? Dann gehörte der Satz ohnehin einer eigenen Welt an, und seine Unanwendbarkeit auf jede andere wäre ebenso selbstverständlich wie seine Unverbesserbarkeit. Da Streiff ihn jedoch für verbesserungsfähig hält, ordnet er ihn offenbar beiden Welten zu, genauer: jener Zwischenwelt, in der Kunst und Gesellschaft, Möglichkeit und Wirklichkeit in Beziehung stehen, also der Vermittlung zwischen Fiktionalität und Realität. Auch seine Korrektur gilt dem Problem des Schlüsselromans, ja, des Romans schlechthin. Sie sucht es nur anders zu fassen. Wie?

Es geht, nehmen wir auch jetzt an, um die Hauptfigur eines Schlüsselromans. Würde diese Figur so erzählt, dass man als Lesende(r) ihren Tod sowohl für vollkommen gerechtfertigt wie auch für überhaupt nicht gerechtfertigt hielte, das wäre Realismus. Gelänge es dem fingierenden Erzählen, eine Figur ihrer reinen Möglichkeit nach so zu entwerfen, dass die Hinweise, die sie mit der geschichtlich-gesellschaftlichen Realität vermitteln, ihre Auslöschung ebenso sehr rechtfertigen wie verbieten, dann wäre es endgültig und vollständig realistisch geworden. Die betreffende Figur könnte ihr Lebensrecht nur in einer möglichen, sich durch liquide Bestimmungen entwerfenden Welt dartun, verlöre es aber sogleich mit dem Übertritt in eine Welt realer, objektiv festsetzender Bestimmtheit, in der sich das Einzelne mit dem Allgemeinen, das Individuelle mit dem Gesellschaftlichen vermitteln und in der Vermittlung rechtfertigen muss. Das mit dem Tod zu ahndende Verbrechen der Figur bestände schlicht darin, dass sie Figur ist, Einzelheit, die sich im Allgemeinen gegen es behauptet und darin das Gesetz ihres Daseins verletzt. Eben darin läge aber nun zugleich ihr Verdienst. Sie verträte den Zufall des Individuellen gegen das Gesetz des Gesellschaftlichen, die schweifende Plötzlichkeit des Einzelnen gegen die planvolle Vorsicht des Allgemeinen, mit dem sie sich nicht mehr vermitteln und in der Vermittlung rechtfertigen müsste, das vielmehr umgekehrt seinen Anspruch auf Vermittlung darzulegen und zu rechtfertigen hätte. Damit aber wird das Reale zur gleich gültigen Einheit von Zufall und Gesetz, Einzelheit und Allgemeinheit, Vermittlung und Abstraktion, dumm wie Salz, das seine Schärfe und seinen Geschmack verliert.[128] Verbürgen nach wie vor «der

---

128 Vgl. dazu Clement Rosset, Das Reale. Traktat über die Idiotie, Frankfurt 1988, S. 84 ff.

Ernst, der Schmerz, die Geduld und Arbeit des Negativen»[129] die Objektivität und damit die Realität des Realen, so sinkt es, nach der Façon Bernt Streiffs heranerzählt, zum bloßen Schatten seiner selbst herab, während seine Wahrheit und Wirklichkeit in die Fiktion überwechseln, die es beruft. Ein Erzählen, das diesen Wechsel zuwege brächte, wäre tatsächlich Realismus, weil es sich durch sich selbst, sein eigentümliches Vorgehen realisierte.

Wie real, wie objektiv ist nun aber der Satz selbst, von dem wir ausgegangen sind, im Kontext des Romans und seines Erzählens? An der von uns zitierten Stelle spricht ihn, wie gesagt, Bernt Streiff, Schriftsteller wie Hans Lach, ebenfalls Opfer AEKs und infolgedessen wohl bitterster Kritiker dessen, was AEK so treibt und schreibt. Der Satz stammt aber nicht von ihm, sondern von Hans Lach, wie er selbst festhält, und er verwendet ihn im Gespräch mit Michael Landolf, Hans Lachs erzählendem Ich, das er im Roman für sich geschaffen hat. Genau genommen hören wir einem verfremdeten Selbstgespräch der Gegenfigur zur Hauptfigur zu, das sich um die Einwände einer Parallelfigur erweitert. Ist das Realismus? Oder sich reflexiv verdoppelnde Fiktion, die ihre Verdoppelung in einer von ihr erzeugten Figur spiegelt?

Zum dritten und letzten Mal im Roman sagt den Satz, um den unsere Überlegungen kreisen, wieder Julia Pelz-Pilgrim, wieder in einem Telefongespräch mit Michael Landolf (die Rolle des Telefons in *Tod eines Kritikers* wäre eine eigene Abhandlung wert): «Eine Figur, deren Tod vollkommen gerechtfertigt erscheint, das wäre Realismus.» (S. 132)

Die Verlegersgattin scheint die Erörterung in die Bahn hergebrachter Fiktionsbestimmung zurückzulenken. Eine Figur, de-

---

129 G. W. F. Hegel, Phänomenologie des Geistes, Vorrede; Werke in 20 Bdn, hg. von Eva Moldenhauer und Karl Markus Michel, Bd. 3, Frankfurt 1970, S. 24.

ren Tod ihren Leser*innen vollkommen gerechtfertigt erscheint, gleichgültig, ob er es tatsächlich ist oder nicht ist, das wäre, gelänge dem Erzählen dieser Schein, Realismus. Gewiss. Wie schon immer. Wie seit den Anfängen des bürgerlich modernen Erzählens.[130] Aber Julia Pelz-Pilgrim lässt es dabei nicht bewenden: «Das ist Realismus. Durch Hans Lach kommt er jetzt zur Sprache. Ehrl-König wird so genau vorgestellt, dass sein Tod keine Sensation mehr ist. Aber dazu gehört eben auch die Figur, deren Tat vollkommen verständlich wird.» (S. 132) Der Satz, von dem wir ausgegangen sind, stammt aus einem Buch, einem fiktionalen Text des Schriftstellers Hans Lach. Er hat die Form einer allgemeingültigen Regel, lässt aber offen, ob diese Regel überhaupt mit Erfolg angewendet werden kann oder nicht. Dieser Erfolg stellt sich jedoch, Julia Pelz-Pilgrim zufolge, dann mit Sicherheit ein, wenn das die Figur beschreibende Subjekt sich zugleich zum Subjekt solcher Realisierung macht, wenn es den Kunst-Text in eigener Verantwortung in einen Sach-Text verwandelt, um an der Person zu bewahrheiten, was die Figur nur wahrscheinlich

---

[130] «Wer *Romans* list/der list Lügen [...] Allein daran denckt niemand/wenn er wie so begirlich liset: Ich kann nicht anderst befinden und gewahren/als das man alles wahr glaubet [...] Man macht sich im Kopff vil *imaginier*te Umständ/und Gemähld/wie alles ist hergegangen.» (Gotthard Heidegger, Mythoscopia romantica: oder Discours Von den so benanten Romans, Zürich 1698, S. LX und LXI; hier zit. nach: Eberhard Lämmert u. a., Hg., Romantheorie 1620–1880. Dokumentation ihrer Geschichte in Deutschland, Frankfurt 1988, S. 55) «Es scheinet», erwidert Gottfried Wilhelm Leibniz, «dass solches eben nicht ungereimt/wenn unter erdichteten Beschreibungen und erzehlungen/schöne ideen/so sonst in der Welt mehr zuwünschen als anzutreffen seyn/vorgestellet werden.» (Monathlicher Auszug aus allerhand neu=herausgegebenen/nützlichen und artigen Büchern, Hannover im Dezember 1700, S. 885 f. Hier zit. nach Lämmert u. a., ebd. S. 57) Vgl. dazu Wolfram Malte Fues, Die beste aller möglichen Welten. Leibniz' Konzept literarischer Fiktionalität, in: Daniel Fulda/Pirmin Stekeler-Weithofer (Hgg.), Theatrum naturae et artium – Leibniz und die Schauplätze der Aufklärung, Leipzig 2019, S. 432–443.

machte. Kann also eine Schriftsteller*in nur dann vollkommen realistisch erzählen, wenn sie das, was sie erzählt, in der gesellschaftlichen Realität nachvollzieht? Sollte das ernst gemeint sein, gewänne der schon von Plato gehegte Verdacht, alle Künstler*innen stifteten Unruhe und müssten, wenn nicht des Staates verwiesen, so doch von ihm genauestens überwacht werden, viel von seiner Berechtigung zurück. Aber: «Dazu gehört eben auch die Figur, deren Tat vollkommen verständlich wird.» Das die Figur beschreibende und sie zugleich realisierende Subjekt macht sich, in die Realität übertretend, sogleich selbst wieder zur Figur, weil es diesen Übertritt beschreibend, in einem Diskurs, einem Text vollzieht, der erwirkbare Möglichkeiten jener Realität wählt und sich somit unter Fiktionalitätsverdacht setzt. Hans Lach gesteht, Ehrl-König umgebracht zu haben, und der Text des Geständnisses ist so abgefasst, «dass sein Tod keine Sensation mehr ist». Selbst wenn das schreibende Subjekt mit seiner Person die Realität der beschriebenen Figur verantwortet, nimmt diese Verantwortung in der gesellschaftlichen Wirklichkeit die Form eines zweckgerichteten Diskurses an, die andere mögliche Zwecke ausschließt und sie eben darin an- und mitspricht. Liegt die Sensation, die er erzeugt, nicht eben darin, dass AEKs Tod ihm zufolge «keine Sensation mehr ist»? Die Realität, für die Hans Lach nach Meinung Julia Pelz-Pilgrims Kopf und Kragen riskiert, lohnt das Risiko, indem sie ihre Gültigkeit aufhebt.

Wie real, wie objektiv ist nun aber der Satz selbst, von dem wir ausgegangen sind, im Kontext des Romans und seines Erzählens? An der von uns zitierten Stelle spricht ihn, wie gesagt, Julia Pelz-Pilgrim am Telefon mit Michael Landolf, Hans Lachs erzählendem Ich, das er im Roman für sich geschaffen hat. Genau genommen hören wir einem Selbstgespräch der Gegenfigur zur Hauptfigur zu, das sich um die enthusiastisch zustimmenden Ausführungen einer Parallelfigur erweitert, die überdies noch auf einer falschen Voraussetzung beruhen – Hans Lach hat den Mord, den er gesteht, nicht begangen. Ist das Realismus? Oder nicht vielmehr dessen fiktionale Ironisierung?

Fassen wir zusammen: *Tod eines Kritikers* ist nicht bloß ein Schlüsselroman, sondern erörtert sich über einen Schlüsselsatz auch selbst als Schlüsselroman, dreimal, gegen Anfang, Mitte und Ende, von der Frage ausgehend, ob und wie es ihm gelingt, seine Hauptfigur ihrer Entsprechung in der realen gesellschaftlichen Welt der Gegenwart zu überführen, mit Hilfe der Figur AEK die Person MRR zu beschreiben und zu bestimmen, zu erfassen und zu begreifen. Es gelingt ihm jedes Mal, aber jedes Mal um den Preis, dass die Realität, bei der er ankommt, mit ihrer Ankunft verschwindet: in den Schein, in die Öde, in die Fiktion. Das Erzählen fällt auf sich selbst zurück und damit seiner Anstrengung zur Realisierung von Neuem anheim. Darin leitet sich das Reale weder aus dem Fiktionalen ab noch das Fiktionale aus dem Realen. Das Reale entspringt dem Fiktionalen im doppelten Sinn des Wortes und sprengt darin das Fiktionale von sich ab. Beide erweisen einander ihre Unvereinbarkeit wie eine Reverenz, die weder Vermittlung noch Unmittelbarkeit bedeutet, sondern eine Ähnlichkeit, die sich immer dann nicht bewahren kann, wenn sie sich hergestellt hat.

Der Schlüsselsatz, von dem her Walser seinen Schlüsselroman entwirft und in Frage stellt, spricht stets von einer Figur, meint aber doch wohl d i e Figur, die Hauptfigur des Romans, die Entlarvung und Entzauberung MRRs durch AEK. Hat die Mühe, die der Roman sich mit seiner eigenen Erzähl-Form bereitet, vielleicht ihren Grund in der Mühe, die ihm die Beziehung zwischen der Figur AEK und der Person MRR macht? Gründet das eigentümlich allegorische Verhältnis zwischen Fiktionalität und Realität, in das er sich bringt, etwa in der besonderen Realität der Person MRR, die er mit Hilfe der Figur AEK aufzufassen trachtet?

Tod eines Kritikers sucht in mehrfachem Ansatz aus der Sicht verschiedener Figuren herauszufinden, wie AEK jene Macht erobert hat und behauptet, vor der Schriftsteller*innen, Professor*innen und Kritiker*innen zittern und kriechen. Wir beschränken uns hier auf die zwei unseres Erachtens bedeutsamsten dieser Versuche und befragen sie auf die gesellschaftliche Realität hin, die sie über die Fiktion ansprechen und bestimmen.

Julia Pelz-Pilgrim möge auch hier den Anfang machen: «Wenn einem etwas nicht gefällt, ist es schlecht [...] Davon hat er gelebt. Was ihm nicht gefiel, war schlecht [...] Er hat aus der Ästhetik eine Moral gemacht [...] Die Moral des Gefallens, des Vergnügens, der Unterhaltung. Die Pleasure-Moral. Was mich nicht unterhält, ist schlecht.» (S. 73) Die Verlegergattin polemisiert. Nach Verstandeslust. Dieser Lust verdanken wir einige der anregendsten und aufschlussreichsten Passagen des Romans. Setzen wir nun die Polemik in die Erörterung zurück: Die Figur AEK zielt auf jemanden, der sich bei seinen Auftritten darum bemüht, jenes Projekt der europäischen Aufklärung zu zerstören, das aus der Ästhetik eine Theorie machen will, in der das bessere Argument und nicht das schlichtere Ressentiment entscheidet. Eine Theorie, in der und durch die das Schöne weiß, dass es mit dem Begriff nicht verfeindet, sondern verschwistert ist, wodurch es zu erfahren vermag, dass seine Praxis so politisch ist wie die aller Begriffe. Die Figur AEK stimmt das ästhetische Urteil als Resultat eigentümlicher Vermittlung zwischen Theorie und Praxis zum baren Reflex eines einfachen Affekts herunter, es auf diesem Weg in eine Praktik verwandelnd, die sich in ihrem Urteilen den Begriff erspart, statt sich auf ihn zu berufen.

Rainer Heiner Henkel eröffnet seinen Bericht über seine Leiden als ghost-writer beziehungsweise ghost-thinker hinter AEK mit der Erklärung jener Charaktereigenschaft, die es AEK erlaubt, zum Mitbegründer der eben angesprochenen neuen Ästhetik zu werden: «Das war die Begabung, die alles entschied:

Von sich selber rückhaltlos beeindruckt sein zu können. Das war dann immer das Mitreißende: In kindlichem Überschwang in Jubel auszubrechen über sich selbst.» (S. 109) Gewiss. Narzissmus beruht immer auf Infantilität, die sich vor dem Erwachsenwerden schützt, indem sie beredt wird. Aber hier liegt RHH zufolge noch nicht das ursprüngliche Motiv für AEKs «Energie» und «Unermüdlichkeit». Sie entspringen vielmehr einem angeblich unermüdlichen Verlangen nach «Unsterblichkeit» (S. 107). Unsterblichkeit? Wie kann jemand, dem es um nichts als den möglichst blanken und möglichst scharfen Reflex eines Affekts zu tun ist, auf Unsterblichkeit hoffen? «Pleasure now, das ist Ehrl-König. Instant Pleasure», giftet Julia PP.[131] Pointe, Augenblick, Jetzt, aber damit jetzt schon vergangen, im nächsten Augenblick von der nächsten Pointe beiseitegedrängt und getilgt. Unsterblichkeit?

> «Nietzsche hat sich fürchterlich überschätzt, als er verkündete, die Umwertung aller Werte vollbracht zu haben […] Die Umwertung aller Werte […], die hat Andre Ehrl-König vollbracht […] Bei diesem epochalen Reinemachen ist nur ein Wert übrig geblieben als der Wert aller Werte, und außer ihm ist nichts: der Unterhaltungswert. Quote, mein Lieber. Jeden Abend Volksabstimmung. Die Demokratie des reinen Werts.» (S. 116 f.)

AEK wäre, glaubt man RHH, auf dem Weg radikaler Vereinfachung gelungen, was Nietzsche auf dem Weg radikaler Vervielfachung erreichen wollte: die Überwindung der Moderne. AEK verwandelt mittels seiner Fernseh-Auftritte die Theorie in Affekt und die Moral in Spaß. Der Spaßfaktor – dieses Wort existiert inzwischen tatsächlich – gibt dann den Maßstab für den gesellschaftlichen Wert oder Unwert des Objekts ab, das den Affekt ausgelöst hat. Hier lässt, meinen wir, der Erzähler seine Figur eine doppelte Fehleinschätzung begehen. Die Transformation

---

131 S. 69. – Vgl. dazu: Wolfram Malte Fues, Anteilnahmsfreie Gewalt. Zur Semiotik des Fernsehens, in: Sigrid Schade/Thomas Sieber/Christoph Tholen, Hg., SchnittStellen. «Basler Beiträge zur Medienwissenschaft» 1, Basel 2005, S. 147–154.

der bürgerlichen Gesellschaft in eine Markt-Gesellschaft, die alle Werte in den Tauschwert einschmilzt[132], erstreckt sich zwangsläufig auch auf die Künste und die Medien, entspringt ihnen aber nicht. Der Unterhaltungswert fällt mit unter den Siegeszug des Warenwerts, aber er führt ihn nicht an. Die Ersetzung der Stimmabgabe durch die Einschaltquote folgt aus der Markt-Gesellschaft, begründet sie aber nicht. Überdies individualisiert RHH, indem er AEK zu einem zweiten und erfolgreicheren Nietzsche emporstilisiert, einen gesellschaftlichen Prozess und macht eine Person für Vorgänge verantwortlich, die nur Funktionsträger brauchen.

Und doch: Liegt nicht die Faszination – um nicht zu sagen: die Magie – der Figur AEK eben darin, dass sie es versteht, mittels des von ihr gehandhabten Mediums eben diese Fehleinschätzung zu erzeugen, selbst bei einer Figur wie RHH, die nicht müde wird zu betonen, AEK sei ihr und nur ihr Geschöpf? Arbeitet sich *Tod eines Kritikers* nicht an eben dieser Faszination, dieser Magie ab, deren gesellschaftliche Wirklichkeit und Wirkung der Roman an der Figur AEK zu enträtseln, zu entlarven sucht? Worin gründen sie, woraus gehen sie hervor? Dem wollen wir uns nun abschließend noch zuwenden.

Was gibt dem Menschen letzten Endes die Macht und die Souveränität, das, was ihm in der Welt, als Welt begegnet, für wahr zu nehmen?

> «Die Reduktion der Erfahrungen auf Zeichen, und die immer größere Menge von Dingen, die also gefasst werden kann: ist seine höchste Kraft. Geistigkeit als Vermögen, über eine ungeheure Menge von Thatsachen in Zeichen Herr zu sein.»[133]

---

132 Vgl. dazu Wolfram Malte Fues, Zurück in die Zukunft? Wende-Perspektiven, in: Ders., Rationalpark. Zur Lage der Vernunft, Wien 2001, S. 75–108.
133 Friedrich Nietzsche, Nachgelassene Fragmente 1884–1885; Kritische Studienausgabe, hg. von Giorgio Colli und Mazzino Montinari, 2., durchges. Aufl. Berlin 1988, Bd. 11, S. 464.

Folgt man Marshall McLuhan, so entstammt diese höchste Kraft nicht den Zeichen überhaupt, sondern nur den Zeichen der phonetischen Schrift, des Alphabets in der Gestalt, die ihm der Buchdruck gegeben hat: «Das Alphabetentum […] hatte uns durch Erweiterung des Sehvermögens zur einheitlichen Gestaltung von Raum und Zeit psychisch und sozial die Macht der Distanzierung und Objektivität gebracht.»[134] Diese Macht beruht auf der «Einheitlichkeit und Wiederholbarkeit»[135] der gedruckten alphabetischen Zeichen, die jenes «beschauliche Leben» der Erwägung und Überlegung, «der langen, langen Gedanken und fernen Ziele[n] in der Weite sibirischer Eisenbahnen»[136] ermöglichen, das eine stets wachsende Menge von Tatsachen zu beherrschen und zu verwalten, zu disponieren und zu kombinieren vermag. Folglich gliedern sich «jene langen Ketten ganz einfacher und leichter Begründungen, die die Geometer zu gebrauchen pflegen, um ihre schwierigsten Beweise durchzuführen», in Wirklichkeit zuerst aus den auf leichtes Wiedererkennen hin einfach geformten Drucktypen des Alphabets. Sie erwecken in der Bildung des Denkens zur Moderne

> «die Vorstellung, dass alle Dinge, die menschlicher Erkenntnis zugänglich sind, einander auf dieselbe Weise folgen und dass […] nichts so fern liege, dass man es nicht schließlich erreichte, und nichts so verborgen sein kann, dass man es nicht entdecke».[137]

Ganz anders das Fernsehbild. Es bietet nämlich

> «dem Beschauer etwa 3 000 000 Punkte pro Sekunde. Davon nimmt er nur ein paar Dutzend in jedem Augenblick auf, um sich daraus ein Bild zu machen […] Der Beschauer des Fernsehmosaiks […] gestal-

---

134 Ders., Die magischen Kanäle (Understanding Media, 1964), 2., erw. Aufl. Dresden/Basel 1995, S. 504.
135 Ebd. S. 489.
136 Ebd. S. 491.
137 Rene Descartes, Discours de la Methode, übers. und hg. von Lüder Gäbe, Hamburg 1960, S. 33.

tet mit der technischen Bildkontrolle unbewusst die Punkte zu einem abstrakten Kunstwerk nach dem Muster von Seurat oder Rouault um [...] Das Fernsehbild verlangt in jedem Augenblick, dass wir die Lücken im Maschennetz durch angestrengte Beteiligung der Sinne ‹schließen›, die zutiefst kinetisch und taktil ist, weil Taktilität viel eher Wechselspiel der Sinne bedeutet, als den isolierten Kontakt der Haut mit einem Gegenstand.»[138]

Während also der Drucktext seiner Leser*in durch die allgemeine und einfache Wiederholung seiner Zeichen Distanz zu den Gedankenwegen ermöglicht, die sie geführt wird, sowie Objektivität gegenüber den Zielen, die sie auf ihnen erreicht, fordert das Fernsehbild in jedem Augenblick selbsttätige Beteiligung, die das Bild so ergänzt und vervollständigt, wie es die individuelle Lebenserfahrung seiner Hin-Zu-Schauer*in erlaubt. Je nach dem Gegenstand, den das Bild zeigt, vermittelt der Sehsinn zwischen den anderen Sinnen, als stifte er zwischen ihnen jene Berührung, die er den von ihm aufgenommenen Bildpunkten schuldet, um die Lücken zwischen ihnen zu schließen. Das so entstehende Mosaik «ist nicht einheitlich, stetig und wiederholend. Es ist unstetig, asymmetrisch und nicht linear, wie das den Tastsinn ansprechende Fernsehbild. Für den Tastsinn ist alles plötzlich, konträr, ursprünglich, selten, fremd.»[139] Das Fernsehbild selbst wiederholt sich zwar streng einheitlich und stetig; aber seiner Hin-Zu-Schauer*in erscheint es in jeder Wiederholung so ursprünglich, so plötzlich, dass seine Abfolge «eine allumfassende Jetztheit»[140] erzeugt. Demgemäß muss «das Einheitliche und Wiederholbare [...] dem einmalig Besonderen weichen»[141]. Und letzten Endes erzwingt die Veränderung der Zeichenform eine Änderung der Lebensform: «Das beschauliche Leben mit langen, langen Ge-

---

138 Die magischen Kanäle, ebd. S. 474f.
139 Ebd. S. 503.
140 Ebd. S. 505.
141 Ebd. S. 489.

danken und fernen Zielen [...] kann neben der Mosaikform des Fernsehbildes nicht mehr bestehen, das sofortige und gesamtpersönliche Beteiligung verlangt.»[142] In Konsequenz dieses Zwangs verwandelt sich die buchstabengetreue Logik der Moderne in die bildpunktförmige Para-Logik der Postmoderne:

> «Die narrative Funktion verliert ihre Funktoren, [...] die großen Gefahren, die großen Irrfahrten und das große Ziel. Sie zerstreut sich in Wolken, die aus sprachlich-narrativen, aber auch denotativen, präskriptiven, deskriptiven usw. Elementen bestehen [...] Jeder von uns lebt an Punkten [!], wo viele von ihnen einander kreuzen [...]So hängt die kommende Gesellschaft [...] von einer Pragmatik der Sprachpartikel ab.»[143]

Subjektgeschichtlich betrachtet gehört die Para-Logik der Postmoderne der Logik der Moderne ursprünglich an. «Ein transzendentaler Paralogismus», heißt es bei Kant, «wird [...] in der Natur der Menschenvernunft seinen Grund haben, und eine unvermeidliche, obzwar nicht unauflösliche, Illusion bei sich führen»[144]. Erklärt man nun wie Lyotard diese Auflösbarkeit selbst für eine Illusion und die Para-Logik für eine unvermeidliche, folglich wahrheitserzeugende Konsequenz der Logik, ist man mit einem Schritt von der Moderne zur Postmoderne gelangt – oder, um mit McLuhan zu sprechen, von der Wahr-Nehmung durch Druckbuchstaben zur Wahr-Nehmung durch Bildpunkte.

Jeder von uns lebt in einer Gesellschaft, über deren Sinnvermittlung die Struktur des Fernsehbildes entscheidet, an vielen Punkten, die einander an jedem Punkt nach möglichst vielsinnigen Regeln berühren, überlagern, kreuzen. «Pleasure now, das ist

---

142   Ebd. S. 491.
143   Jean-Fran$ois Lyotard, Das postmoderne Wissen. Ein Bericht, Wien 1986 (Paris 1979), S. 14 f.
144   Kritik der reinen Vernunft, des Zweiten Buches der transzendentalen Dialektik Erstes Hauptstück: Von den Paralogismen der reinen Vernunft, B 399 ff. Hier zit. B 399.

Ehrl-König» (S. 69), Subjekt und Agent jener «allumfassende[n] Jetztheit»[145], in der die langen Gedanken und fernen Ziele des buchstäblichen Denkens sich in die kurze Pointe und das naheliegende Urteil des telematischen zusammendrängen. Was sich diesem Druck fügt, ist gut. Was sich ihm widersetzt, ist schlecht. Und wem es gelingt, sich die Praxis dieser Jetztheit, dieser Verjetzigung so anzueignen, dass er ihr immer zu ihrem nächsten Augenblick vorauseilt, dem winkt jene Form der Unsterblichkeit, in der das einmalig Besondere das Einheitliche und Wiederholbare erobert und sich einverleibt. AEK ist nicht jemand, der gelegentlich im Fernsehen auftritt, um dort eine bestimmte Sendung zu moderieren. AEK ist vielmehr Gestalt gewordenes Fernsehen, er verkörpert dessen Sinnvermittlung. Es gibt ihn nur, insofern ihn jemand sieht, eine Ansicht von ihm hat, und folgerichtig lässt Walsers Romans ihn auch nie selbst auftreten oder reden, sondern nur in den Blicken anderer erscheinen – ein Fernsehbild, dessen Mosaik sich unter diesen Blicken und sonst nirgends bildet und zusammensetzt. Und was an MRR soll AEK in dieser Daseinsweise zeigen?

MRR hat, folgt man den in *Tod eines Kritikers* aufgebauten Überlegungen, den Foren der Literaturkritik nicht bloß ein weiteres hinzugefügt. Er hat vielmehr die vom Buchstaben unzertrennliche Sinnform der Literatur derjenigen des Fernsehbildes so vollständig unterworfen, dass der Text seine Fremdheit gegenüber einer von telematischem Wissen bestimmten Gesellschaft mit jener effektvoll unterhaltsamen Befremdung vertauscht, die eine Mitteilung, eine Botschaft in einer solchen Gesellschaft erst fesselnd macht. Literatur, die diesen Tausch vollzieht, hört auf, Literatur zu sein. «Jene langen Ketten ganz einfacher und leichter Begründungen, die die Geometer zu gebrauchen pflegen»[146], sind

---

145 McLuhan, Die magischen Kanäle, ebd., S. 505.
146 Descartes, Discours de la Methode, ebd. S. 33.

nur deshalb einfach und leicht, weil sie von der schwerwiegenden Vielfalt abstrahieren, in die sie sich verwickeln, wenn man ihnen auf ihren historischen, politischen und sozialen Grund geht. Eben diesen Gang geht Literatur seit Anbeginn der Moderne, und aus ihm entwickelt sie die «langen, langen Gedanken und fernen Ziele»[147], die in die Weite möglicher Wirklichkeiten führen. Mit der ereignishaften Augenblicklichkeit des Fernsehbildes ist diese gründliche Langsamkeit des literarischen Textes unvereinbar, das Fernsehen ist ihre Zerstörung, ihr Tod, gleichgültig, wie viele Buchstaben wie viel Papier in Zukunft noch füllen mögen. Im Dienst derartigen Todes amtet MRR.

Tod eines Kritikers versucht, den Prozess, den das Fernsehbild dem literarischen Text mit Hilfe MRRs macht, an der Gestalt AEKs aufzufassen und zu beschreiben. Der Konflikt zwischen Text und Bild, zwischen Teppich und Mosaik, soll mit literarischen Mitteln dargestellt und begriffen werden, als vermittle eine Textualität zweiter Ordnung von einem dritten Ort her so zwischen den Kontrahenten, dass sie Text bleibt, aber Text und Bild zugleich zu ihren Momenten und ihrer Verfügung hat. Diesen dritten Ort sucht der Roman dadurch zu erreichen, dass er an seinem Ende an seinen Anfang zurückkehrt, so signalisierend, es sei eigentlich gar keine Erzählzeit vergangen und das vermeintliche Geschehen der erzählten Zeit nur die figurierende, charakterisierende Auslegung sich wiederholender Gegenwart. Die Geschichte, die angeblich erzählt wird, kommt in immer neuer Perspektive immer wieder auf sich selbst zurück und löst sich schließlich in nichts auf. Diese Selbstprüfung des Erzählens verläuft nicht linear, sondern in der eigentümlich instantanen Reflexivität eines allegorischen Verfahrens, das, während es das eine sagt, schon das andere meint, sich auf der Stelle vorwärts bewegend wie die Echternacher Springprozession. Daraus

---

147 McLuhan, Die magischen Kanäle, ebd. S. 491.

geht nicht Inhaltsarmut, sondern im Gegenteil Inhaltsreichtum hervor, dessen Elemente sich, disparat und anscheinend unvereinbar, in einer stets schon vergangenen und darin ebenso sehr noch nachklingenden Vermittlung nebeneinander bewegen. Mit einem Wort: Der Roman versucht, den *Tod eines Kritikers* ins Mosaik eines Fernsehbildes zu erzählen, zugleich aber den Teppich des Erzählens im und gegen dieses Mosaik auszubreiten, ohne es und sich selbst zu zerstören, sondern beide ihre Bedingungen und ihre Möglichkeiten, ihre Macht und deren Grenzen aneinander verdeutlichen zu lassen.

Von diesem Anspruch lebt der Roman, und an ihm scheitert er auch. Er scheitert am inneren Widerstand des Erzählens gegen die Form, die ihm aufgezwungen wird, an dessen beharrlicher Neigung zu jenem Einmaligen, in dem die Sache sich nicht mit ihrem Begriff versöhnt, sondern ihn nur duldet, um sich ihm zu widersetzen.[148] Literatur geht den einfachen und leichten Gliedern, in denen sich der Begriff nach der Logik der Moderne verkettet, nicht nur auf den Grund, sondern sie neigt überdies dazu, darin zugrunde zu gehen. Wie sich im Fortgang des Romans erweist, wird diese Neigung des Erzählens durch ein Begreifen, das nur auf die oben entwickelte Konstellation zu hören und sie klingend zu machen trachtet, nicht besänftigt, sondern gereizt. So sehr gereizt, dass sie den Roman an seinem Ende in zwei antagonistische Texte auseinandersprengt: Im einen trägt Julia Pelz-Pilgrim ihre Version des Mythos von Kronos/Saturn vor, der seinen Vater entmannt hat und seine Kinder verschlingt, Zeugung und Fortzeugung nicht verhindernd, aber in einen vergeblichen Wieder-und-Wieder-Anfang fesselnd. Bis es der Mutter gelingt,

---

148 Vgl. dazu Theodor W. Adorno, Über epische Naivetät, in: Noten zur Literatur I, jetzt in: Ges. Schriften, hg. von Rolf Tiedemann unter Mitwirkung von Gretel Adorno, Susan Buck-Morss und Klaus Schultz, Bd. 11, Frankfurt 1997, S. 34 ff.

ihr Kind Zeus vor ihm zu verbergen, der sich ins Licht des Fortschreitens zu einer immer besseren Welt setzt und seinen Vater ins Dunkle verstößt. «Verdammt wegen Geschichtsverneinung.» (S. 201) Geschichtsverneinung jedoch ist immer auch Geschichtenverneinung, «die logische Form eines Wirklichen, das nicht mehr von der gesellschaftlichen Herrschaft und dem ihr nachgebildeten klassifizierenden Gedanken umfasst wäre [...] In der epischen Naivetät lebt die Kritik der bürgerlichen Vernunft.»[149] Im anderen Text stellt sich Hans Lach die Form dieser Vernunft vor, wenn sie von der Sinnvermittlungsform des Fernsehbildes einmal völlig beherrscht sein wird, und malt sich aus, wie es den «Großen Vier» (dem ‹Literarischen Quartett› natürlich) dann gelingen wird, Millionen zur Teilnahme an was für einer Art von Literatur hinzureißen, in einer Zeit, in der «einundsiebzig Prozent der Bevölkerung aufgehört zu lesen oder es gar nicht erst angefangen» habe (S. 203). Literarischer Text und Fernsehbild, Teppich und Mosaik liegen einander wieder in reiner Unversöhnlichkeit, in kontradiktorischem Widerspruch gegenüber. Die Sichel des Saturn schneidet am Ende des Romans doch nicht – außer ins eigene Fleisch des Erzählens.

**

«Für mich ist die Hauptszene im Buch die Fernsehshow, in der es um den Roman ‹Mädchen ohne Zehennägel› geht. Das ist die ausführlichste Darstellung der Kritikerpraxis im Zeitalter des Fernsehens.»[150] Das hat diejenige Fraktion des Feuilletons, die sich weigert, den Roman als Manifest des Antisemitismus zu lesen, auch wahrgenommen und deutlich gemacht: «Gegen den Fernsehkritiker ist der gesamte Abrechnungsfuror dieses

---

149 Adorno ebd., S. 36.
150 Martin Walser im «Spiegel» 23/2002, S. 188.

Romans gerichtet, nicht gegen den Juden.»[151] Aber womit wird abgerechnet, und was nährt den Furor?

Abgerechnet wird, Peter von Becker zufolge, mit der ungleichen Verteilung von Macht und Ohnmacht im Literaturbetrieb, und den Furor der Abrechnung nährt «die Verzweiflungswut eines Autors, in dessen Werk Jahre oder sogar ein Leben stecken und das vom Kritiker schlimmstenfalls in ein paar Fernsehminuten oder Zeitungszeilen abgeurteilt wird»[152]. Das stimmt ebenso mit Walsers oben angeführter eigener Meinung wie mit den Äußerungen Hans Lachs in *Tod eines Kritikers* überein. Aber Hans Lach spielt nur eine Rolle im perspektivischen Erzählen des Romans, sein mit ihm letzten Endes identischer Antagonist Michael Landolf eine ganz andere. Sucht der Text nicht durch die Art und Weise, in der er diese Rollen konstelliert, von den Effekten zu den Ursachen, von den Personen zu den Strukturen vorzustoßen? Das Erzählen der Medien kritisch zu erzählen statt der Wirkungen, die es auf ihre Subjekte ausübt?

Dem scheint Dirk von Petersdorff Rechnung zu tragen, wenn er festhält:

> «Die Beschreibung Ehrl-Königs ist Teil einer größeren gesellschaftskritischen Diagnose [...] Walser glaubt, dass die Medien alles zersetzen, was einmal Bedeutung hatte, und dass Politik, Kultur und Religion von der ‹Show› abgelöst werden [...] Damit sei eine Umwertung aller Werte vollendet, nach der nur der ‹Unterhaltungswert› bleibe, die ‹Demokratie des reinen Werts›, wie es in einer etwas unklaren Formulierung heißt: ‹Jeden Abend Volksabstimmung›.»[153]

---

151 Lothar Müller, Der Feind in meinem Buch, «Süddeutsche Zeitung» Nr. 123 vom 31. Mai 2002, S. 18.
152 «Tagesspiegel» Nr. 17 805 vom 27. Juni 2002, S. 27. – Auch Ingo Arend betont, es gehe dem Autor darum, «das unsichtbare Machtsystem des Literaturbetriebs, den Abgrund aus Intrige und Übereinkunft, Geld und Geist [...] auffliegen zu lassen» («Freitag» Nr. 25 vom 14. Juni 2002, S. 14).
153 «Die Welt» vom 28. Juni 2002, S. 14.

Zunächst: Was an dieser Formulierung soll unklar sein? Alle zeitgemäß eingerichteten Parlamente verfügen heute über elektronische Abstimmungsmaschinen, bei denen die Abgeordneten für «Ja» oder «Nein» oder «Stimmenthaltung» nur den entsprechenden Knopf drücken müssen. Was unterscheidet diesen Knopfdruck eigentlich noch von dem, mit dem ein bestimmtes Fernsehprogramm gewählt und ein anderes nicht gewählt wird? Höchstens scheint mir, dass es sich beim Knopfdruck der zweiten Art um einen basisdemokratischen Vorgang handelt, an dem das gesamte Fernsehvolk teilnimmt. Sodann: Unterstellt der Roman, wenn er AEK zum freiesten Menschen erklärt, den es gibt, weil er nichts mehr zu verehren habe als sich selbst, damit seien Menschen gemeint, «die nicht mehr an eine Substanz, Wahrheit, Natur, Heimat gebunden sind»? Gibt er nicht klar zu erkennen, dass seiner Auffassung nach AEKs Auftritte nur einer einzigen Regel unterliegen, der Maximierung des Knopfdrucks der zweiten Art, und dass er in Beachtung dieser Regel ansonsten tun und lassen kann, was er will? Unterstellt nicht vielmehr Von Petersdorff, der Roman werfe AEK mangelnde Heimatverbundenheit vor, weil er die Absicht verfolgt, ihn mit dem «Spätwerk Walsers» in Verbindung zu bringen, in dem «es immer mehr die Nation ist, die den Platz dessen einnimmt, was wir gemeinsam haben»? Sie, die Nation als Inbegriff von Substanz, Wahrheit, Natur, Heimat, treibt Walser seinem Kritiker zufolge «in merkwürdige Richtungen, so zu einem erstaunlich weit gehenden Verständnis rechtsextremer Gewalttäter». Um nicht missverstanden zu werden:

> «Kein Zweifel, dass Martin Walser so etwas wie die Nationalisierung des Diskurses über Deutschland angestoßen hat. Doch wie kam der Umschwung vom analytischen Linksintellektuellen zum wallenden ‹neuheidnischen› Gefühlspatrioten zustande? Vielleicht brächte eine Debatte über diesen Umschlagpunkt mehr Licht in einen dunklen Fall als die schneidigen Thesen von Walsers deutschnationaler Kontinuität.»[154]

[154] Ingo Arend im «Freitag» Nr. 25 vom 14. Juni 2002, S. 14.

Diese Debatte erhellt jedoch diejenigen Prozesse und Prozeduren zeitgenössischer Medialität nicht, um die es im *Tod eines Kritikers* geht. Sie verdunkelt sie vielmehr.

Und nun? Nach allem und alledem? Antisemitismus, nichts als Antisemitismus? Nach alledem und alledem: nichts von Antisemitismus.

Die Literaturwissenschaft sieht es mit wenigen Ausnahmen gleich. Hans Reiss (1922–2020), bis zu seiner Emeritierung 1988 Professor für Neuere deutsche Literatur an der Universität Bristol, eröffnet seinen Beitrag zur Debatte über Walsers Roman mit einem autobiographischen Abriss, den wir hier kurz zusammenfassen. Als Sohn eines jüdischen Vaters und einer ‹arischen› Mutter erlebt der 11-Jährige die Jahr um Jahr zunehmenden Bedrohung seines Elternhauses durch das NS-Regime und wird 1938 Augenzeuge der Verwüstung der elterlichen Wohnung durch den SA-Mob. Im August 1939 gelingt ihm in letzter Minute die Ausreise nach Irland. Sein Vater entgeht der Deportation ins Konzentrationslager um Haaresbreite, Verwandte von ihm werden in Auschwitz, Bergen-Belsen und Mauthausen ermordet.

«Warum erzähle ich das alles? Ich wollte durch meine Biographie verdeutlichen, dass ich am eigenen Leibe erfahren habe, was Antisemitismus ist, und dass ich für die leisesten Anzeichen desselben […] sehr hellhörig, übersensibilisiert bin. Und mit dieser Sensibilität habe ich Martin Walsers *Tod eines Kritikers* gelesen […] Ich habe in diesem Roman keine Spuren von Antisemitismus entdeckt.»[155]

---

155 Hans Reiss, «*demonstrieren, was Gerüchte sind …*» Überlegungen eines Emigranten zu Martin Walsers *Tod eines Kritikers*, in: Dieter Borchmeyer/Helmut Kiesel, Hg., Der Ernstfall. Martin Walsers «Tod eines Kritikers», ebd. S. 267.

Literaturverzeichnis

Theodor W. Adorno, Über epische Naivetät, in: Noten zur Literatur I, jetzt in: Ges. Schriften, hg. von Rolf Tiedemann unter Mitwirkung von Gretel Adorno, Susan Buck-Morss und Klaus Schultz, Bd. 11, Frankfurt 1997

Ders., Philosophische Elemente einer Theorie der Gesellschaft. Vorlesung Frankfurt 1964, Frankfurt/M. 2023

Ders., Negative Dialektik, Frankfurt/M. 1966

Ingo Arend im «Freitag» Nr. 25 vom 14. Juni 2002, S. 14

Stephanie Baumann, Peter Rühmkorf, Marcel Reich-Ranicki. Eine Polemik. Über Literaturkritik und mediale Öffentlichkeit in der Nachwendezeit, «Germanica» 65/2019, S. 79–96

Peter von Becker im «Tagesspiegel» Nr. 17 vom 27. Juni 2002, S. 27

Walter Benjamin, Gesammelte Schriften, Bd. II/3, Frankfurt 1977

Benselers griechisch-deutsches Schulwörterbuch, in 13. Aufl. hg. von Adolf Kaegi, Leipzig und Berlin 1910

Börsenverein des deutschen Buchhandels, Hg., Friedenspreis des deutschen Buchhandels 1998. Martin Walsers Ansprache aus Anlass der Verleihung, Frankfurt/M. 1998

Dieter Borchmeyer/Helmut Kiesel, Hg., Der Ernstfall. Martin Walsers «Tod eines Kritikers», Hamburg 2003

René Descartes, Discours de la Méthode, übers. und hg. von Lüder Gäbe, Hamburg 1960

Hans Peter Duerr, Obszönität und Gewalt. Der Mythos vom Zivilisationsprozess, Bd. 3, Frankfurt/M. 1995

Michel Foucault, Die Ordnung des Diskurses, Frankfurt/Berlin/Wien 1977

Ders., Nietzsche, die Genealogie, die Historie, in: Ders., Von der Subversion des Wissens, Frankfurt 1978, S. 83–109

Ders., Was ist ein Autor?, in: Ders., Schriften zur Literatur, Frankfurt/Berlin/Wien 1979, S. 7–31

Norbert Frei, Vergangenheitspolitik. Die Anfänge der Bundesrepublik und die NS-Vergangenheit, 2. Aufl. München 1997

Ders., Karrieren im Zwielicht. Hitlers Eliten nach 1945, Frankfurt/M./New York 2001

Sigmund Freud, Das Ich und das Es; Studienausgabe, hg. von Mitscherlich/Richards/Strachey, Bd. III, Frankfurt/M. 1975

W. Freytag, Artikel ‹Allegorie, Allegorese›, in: Gert Ueding, Hg., Historisches Wörterbuch der Rhetorik, Bd. 1, Darmstadt 1992, S. 330 f.

Saul Friedländer, Die Metapher des Bösen. Über Martin Walsers Friedenspreis-Rede und die Aufgabe der Erinnerung; Walser-Bubis-Debatte, ebd. S. 233–240

Ders., Die Jahre der Vernichtung. Das Dritte Reich und die Juden, Bd. 2: 1939–1945, 2. Aufl. München 2006

Wolfram Malte Fues, Zurück in die Zukunft? Wende-Perspektiven, in: Ders., Rationalpark. Zur Lage der Vernunft, Wien 2001

Ders., Anteilnahmsfreie Gewalt. Zur Semiotik des Fernsehens, in: Sigrid Schade/Thomas Sieber/Christoph Tholen, Hg., SchnittStellen. «Basler Beiträge zur Medienwissenschaft» 1, Basel 2005, S. 147–154

Ders., Fiktion, in: Ders., Zweifel (Essays), Würzburg 2019, S. 200 ff.

Ders., Die beste aller möglichen Welten. Leibniz' Konzept literarischer Fiktionalität, in: Daniel Fulda/Pirmin Stekeler-Weithofer (Hgg.), Theatrum naturae et artium – Leibniz und die Schauplätze der Aufklärung, Leipzig 2019, S. 432–443

Ders., Der universelle Intellektuelle. Eine kleine Genealogie, Basel/Berlin 2023

Johann Wolfgang von Goethe, Zahme Xenien IX; Jubiläumsausgabe in 40 Bdn, hg. von Eduard von der Hellen et al., Berlin 1902 ff., Bd. 4

Salmen Gradowski, Die Zertrennung. Aufzeichnungen eines Mitglieds des Sonderkommandos, aus dem Jiddischen von Almut Seiffert und Miriam Trinh, hg. von Aurélia Kalisky unter Mitarbeit von Andreas Kilian, 2. Aufl. Frankfurt/M. 2020

Sebastian Graeb-Könneker, Literatur im Dritten Reich. Dokumente und Texte, Stuttgart 2001

Ulrich Greiner, Walser, der Spezialist des Undeutlichen, in: «Die Zeit» Nr. 24 vom Juni 2002

Jacob und Wilhelm Grimm, Das Deutsche Wörterbuch, Bd. 16/1905

J. F. G. Grosser, Die grosse Kontroverse. Ein Briefwechsel in Deutschland, Hamburg 1963

Joachim Güntner, Verschärfter Vorwurf. Marcel Reich-Ranicki legt nach, «NZZ» vom Nr. 160 vom 13./14. Juli 2002

Jürgen Habermas, Die zweite Lebenslüge der Bundesrepublik: Wir sind wieder ‹normal› geworden, in: «DIE ZEIT» Nr. 51/1992 vom 11. Dezember 1992; hier zit. nach https://www.zeit.de/1992/51

Georg Wilhelm Friedrich Hegel, Berliner Einleitung in die Vorlesungen über die Geschichte der Philosophie; Werke in 20 Bdn, hg. von Eva Moldenhauer und Karl Markus Michel, Bd. 20, Frankfurt/M. 1970

Ders., Grundlinien der Philosophie des Rechts; Werke in 20 Bdn, ebd. Bd. 7, Frankfurt/M. 1970

Ders., Vorlesungen über die Geschichte der Philosophie, ebd. Bd. 18

Ders., Phänomenologie des Geistes, ebd. Bd. 3, Frankfurt/M. 1970
Jonas Hermann, Tür an Tür mit Rechtsextremen, «NZZ» vom 16. Mai 2020, S. 5
Christoph Hilse/Stephan Opitz, Hg., Marcel Reich-Ranicki/Peter Rühmkorf. Der Briefwechsel, Göttingen 2015
Historisches Wörterbuch der Philosophie, hg. von Joachim Ritter und Karlfried Gründer, Bd. 10, Darmstadt 1998, Artikel «Symbol» von M. Seils, Sp. 710–739
Daniel Hofer, Ein Literaturskandal, wie er im Buche steht. Zu Vorgeschichte, Missverständnissen und medialem Antisemitismusdiskurs rund um Martin Walsers Roman Tod eines Kritikers, Wien/Berlin 2007
Homer, Ilias, VI. Gesang
Immanuel Kant, Kritik der reinen Vernunft, 2. Aufl. Königsberg 1787
Heinrich von Kleist, Sämtliche Werke und Briefe, hg. von Helmut Sembdner, 7., erg. und rev. Aufl., Bd. I, München 1983
Viktor Klemperer, Ich will Zeugnis ablegen bis zum letzten. Tagebücher 1933–1941, 1., neu durchges. Aufl. Darmstadt 2015
Alexander Krisch, «Das Ideal: Entblößung und Verbergung gleichsetzen. Also eine Entblößungsverbergungssprache.» Martin Walser und die Shoah, Marburg 2010
Eberhard Lämmert u. a., Hg., Romantheorie 1620–1880. Dokumentation ihrer Geschichte in Deutschland, Frankfurt 1988
Gottfried Wilhelm Leibniz, Monathlicher Auszug aus allerhand neu=herausgegebenen / nützlichen und artigen Büchern, Hannover im Dezember 1700
John Locke, Two Treatises of Government, Buch II, Kap. 8, 1689 (anonym)
Matthias N. Lorenz, «Auschwitz drängt uns auf einen Fleck.» Judendarstellung und Auschwitzdiskurs bei Martin Walser, Stuttgart/Weimar 2005
Jean-François Lyotard, Das postmoderne Wissen. Ein Bericht, Wien 1986 (Paris 1979)
Ders., Der Widerstreit, übers. von Joseph Vogl, 2., korrigierte Aufl. München 1989
Thomas Mann, Ges. Werke in 13 Bdn, 2. Auflage Frankfurt/M. 1974, Bd. XI
Marshall McLuhan, Die magischen Kanäle (Understanding Media, 1964), 2., erw. Aufl. Dresden/Basel 1995
Martin Meyer, Das Reden der Schafe. Martin Walsers neuer Roman «Tod eines Kritikers», NZZ Vom 1./2. Juni 2002, Nr. 124, S. 6
Bettina Mihr, Kulturelles Gedächtnis zwischen Normalitätssehnsucht und Trauerdefizit. Eine psychoanalytisch-sozialpsychologische

Studie zur deutschen Erinnerungskultur, Gießen 2017 (Diss. Univ. Kassel 2015)

Alexander und Margarete Mitscherlich, Die Unfähigkeit zu trauern. Grundlagen kollektiven Verhaltens (1967), 23. Aufl. München 1994

Robert Musil, Der Mann ohne Eigenschaften; Ges. Werke, hg. von Adolf Frisé, Hamburg 1978

Lothar Müller, Der Feind in meinem Buch, «Süddeutsche Zeitung» Nr. 123 vom 31. Mai 2002

Friedrich Nicolai, Über das Journal Die Horen; hier zit. nach: Ders., ‹Kritik ist überall, zumal in Deutschland, nötig.› Satiren und Schriften zur Literatur, Leipzig/Weimar 1987, S. 319–342

Friedrich Nietzsche, Nachgelassene Fragmente 1884–1885; Kritische Studienausgabe, hg. von Giorgio Colli und Mazzino Montinari, 2., durchges. Aufl. Berlin 1988, Bd. 11

Dirk von Petersdorff, Die Sehnsüchte des Martin Walser, in «Die Welt» vom 28. Juni 2002

Francesco Petrarca, Brief an Giovanni Boccaccio, hier zit. nach: Ulrich Pfister, Hg., Die Kunstliteratur der italienischen Renaissance. Eine Geschichte in Quellen, Stuttgart 2002, S. 196 ff.

Léon Poljakov/Joseph Wulf, Hg., Das Dritte Reich und die Juden, Berlin 1955

Sheldon Pollock, Philologie und Freiheit, Berlin 2016

Marcel Reich-Ranicki, Das Beste, was wir sein können. Walser, Bubis, Dohnanyi und der Antisemitismus; Walser-Bubis-Debatte, ebd. S. 321–325

Hans Reiss, «*demonstrieren, was Gerüchte sind ...*» Überlegungen eines Emigranten zu Martin Walsers *Tod eines Kritikers,* in: Dieter Borchmeyer/Helmut Kiesel, Hg., Der Ernstfall. Martin Walsers «Tod eines Kritikers», S. 261–274

Jean Jacques Rousseau, Der Gesellschaftsvertrag, II. Buch, 6. Kap.; Sozialphilosophische und politische Schriften. In Erstübertragung von Eckhart Koch und mit einem Nachwort von Iring Fetscher, München 1981

Peter Rühmkorf, Ich habe Lust, im weiten Feld ... Betrachtungen einer abgeräumten Schachfigur, Göttingen 1996

Karl Rosenkranz, Hegels Leben, Berlin 1844

Clement Rosset, Das Reale. Traktat über die Idiotie, Frankfurt 1988

Hans Sarkowicz/Alf Mentzer, Schriftsteller im Nationalsozialismus. Ein Lexikon, Berlin 2011 (676 S.)

Christian Schneider, Die Unfähigkeit zu trauern. Zur Re-Lektüre einer einflussreichen Kollektivdiagnose des deutschen Wesens, «psychosozial» 31/2008, S. 41–48

Ders., Die Unfähigkeit zu trauern. Diagnose oder Parole? «Mittelweg» 36/2008, S. 69–79
Ders., Besichtigung eines ideologisierten Affekts. Trauer als zentrale Metapher deutscher Erinnerungspolitik, in: U. Jureit/Chr. Schneider, Hg., Gefühlte Opfer. Illusionen der Vergangenheitsbewältigung, Stuttgart 2010, S. 105–212
Frank Schirrmacher, Hg., Die Walser-Bubis-Debatte. Eine Dokumentation, Frankfurt/M. 1999
Elke Schmitter, Der verfolgte Verfolger, «Der Spiegel» 23/2002, S. 183 ff.
Bradley F. Smith/Agnes F. Peterson, Hg., Heinrich Himmler. Geheimreden 1933 bis 1945 und andere Ansprachen, München 1974
Sibylle Steinbacher, Auschwitz. Geschichte und Nachgeschichte, 4., durchges. Aufl. München 2017
Paul Valery, Cahiers/Hefte, hg. von Hartmut Köhler und Jürgen Schmidt-Radefeldt, Bd. 1, Frankfurt 1987
Martin Walser, Unser Auschwitz, Reinbek 1965
Ders., Auschwitz und kein Ende, Reinbek 1979
Ders., Unser Auschwitz. Auseinandersetzung mit der deutschen Schuld, Reinbek 2015
Ders., Tod eines Kritikers, Frankfurt/M. 2002
Ders., «Der Autor ist der Verlierer», Interview mit Volker Hage, «DER SPIEGEL» 23/2002
Michael Wolffsohn, Reflex und Reflexion, Walser-Bubis-Debatte, ebd. S. 159 f.
Joseph Wulf, Literatur im Dritten Reich. Eine Dokumentation, Frankfurt/M./Berlin 1989
Moshe Zuckermann, Von Erinnerungsnot und Ideologie. Warum Martin Walsers Rede keine geistige Brandstiftung ist, sondern nur Ausdruck des Zeitgeistes; Walser-Bubis-Debatte, ebd. S. 263–268

Publikationsnachweis: «Die Klinge des Saturn» ist zuerst erschienen in www.literaturkritik.de vom 5. Mai 2004 sowie zugleich in «Weimarer Beiträge» 2004, Heft 4. «Mythos Auschwitzkeule» ist bisher unveröffentlicht.

Das Signet des Schwabe Verlags
ist die Druckermarke der 1488 in
Basel gegründeten Offizin Petri,
des Ursprungs des heutigen Verlags-
hauses. Das Signet verweist auf
die Anfänge des Buchdrucks und
stammt aus dem Umkreis von
Hans Holbein. Es illustriert die
Bibelstelle Jeremia 23,29:
«Ist mein Wort nicht wie Feuer,
spricht der Herr, und wie ein
Hammer, der Felsen zerschmeisst?»